CHRESTOMATHIE

DES

PROSATEURS FRANÇAIS

DU

QUATORZIÈME AU SEIZIÈME SIÈCLE

AVEC UNE GRAMMAIRE ET UN LEXIQUE
DE LA LANGUE DE CETTE PÉRIODE; UNE HISTOIRE ABRÉGÉE DE LA
LANGUE FRANÇAISE DEPUIS SON ORIGINE JUSQU'AU
COMMENCEMENT DU DIX-SEPTIÈME SIÈCLE ET DES CONSIDÉRATIONS SUR
L'ÉTUDE DU VIEUX FRANÇAIS

PAR

CHARLES MONNARD

Professeur ordinaire à l'Université de Bonn

2me PARTIE:
CHRESTOMATHIE ÉLÉMENTAIRE

GENÈVE
JOËL CHERBULIEZ, LIBRAIRE-ÉDITEUR
PARIS
MÊME MAISON, RUE DE LA MONNAIE, 10
1862

CHRESTOMATHIE

DES

PROSATEURS FRANÇAIS

GENÈVE. — IMPRIMERIE RAMBOZ ET SCHUCHARDT.

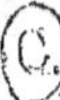

CHRESTOMATHIE

DES

PROSATEURS FRANÇAIS

DU

QUATORZIÈME AU SEIZIÈME SIÈCLE

AVEC UNE GRAMMAIRE ET UN LEXIQUE
DE LA LANGUE DE CETTE PÉRIODE; UNE HISTOIRE ABRÉGÉE DE LA
LANGUE FRANÇAISE DEPUIS SON ORIGINE JUSQU'AU
COMMENCEMENT DU DIX-SEPTIÈME SIÈCLE ET DES CONSIDÉRATIONS SUR
L'ÉTUDE DU VIEUX FRANÇAIS

PAR

CHARLES MONNARD

Professeur ordinaire à l'Université de Bonn

2ᵐᵉ PARTIE:
CHRESTOMATHIE ÉLÉMENTAIRE

GENÈVE
JOËL CHERBULIEZ, LIBRAIRE-ÉDITEUR
PARIS
MÊME MAISON, RUE DE LA MONNAIE, 10

1862

CHRESTOMATHIE

DU

VIEUX FRANÇAIS

DEUXIÈME PARTIE

CHRESTOMATHIE ÉLÉMENTAIRE

SEIZIÈME SIÈCLE

OLIVIER DE SERRES.

1539 — 1619.

Laboureurs et Pasteurs.

C'estoit l'exercice de nos premiers peres, que le gouvernement du bestail ; ne pouvant sans admiration lire les histoires d'Abraham, d'Isaac, de Jacob, de ses enfans, de Job, de David et d'autres saincts personnages du temps passé, non seulement à raison de ce qu'eux-mesmes estoient pasteurs, ains pour le grand nombre de bestail qu'ils entretenoient, suffisant pour avictuailler plusieurs peuples. Aux histoires profanes se voient infinité de grands hommes, avoir esté pasteurs et laboureurs : mesme des rois s'estre faicts surnommer bergers. En l'ancienne Rome, l'estat rustique devançoit l'urbain. Là les premières places estoient pour les rustiques ; à eux estoit commise la garde des quatre principaux quartiers de la ville, assavoir, Suburra, le mont Palatin, le quartier de la porte Colline, et le coustau d'Esquilia. De leur ordre ont esté tirés plusieurs grands capitaines et conducteurs d'armée, qui, heureusement ont exploicté grandes choses : lesquels leur charge expirée, plus volontairement la quittoient-ils qu'auparavant ne l'avoient acceptée ; pour returner à leurs petites métrairies.

Le Bœuf et la Vache.

A tous autres animaux le beuf estoit anciennement préféré. Et particulièrement par les premiers Romains, tant prisé pour cest heureux succès, que d'avoir le beuf et la vache, tirans la charrue,

marqué les fondemens de leur ville, qu'ils lui donnèrent la vie :
estant le tuer du beuf, en leur premier siècle, mis en rang entre
les crimes capitaux, hors-mis en leurs sacrifices. Ainsi qu'encores
s'observe au royaume de Cochin, par le tesmoignage de Jérosme
Osorius, en son histoire de Portugal. Par honneur leur pays a tiré
son nom du taureau, en grec appellé Italos[1]. A sa louange aussi le
taureau a esté posé entre les signes célestes. Et par traict de
temps, les Romains en ont enrichi leurs bastimens : comme il
paroist encores en plusieurs reliques de l'antiquité, des testes de
beuf insculpées par ornement, représentans le labeur de cest animal causer[2] ces superbes édifices. De l'utilité de son service, a
esté amplement discouru : et du profit de sa nourriture, chacun
en juge ; estant commun l'usage de leurs chairs, laictages, et
des peaux, avec très-grandes commodités. A la recherche de la
race de cest animal, pour en avoir de la meilleure, sont nécessaires
les addresses suivantes[3]. Que le taureau ait le regard furieux et
terrible, néantmoins plus doux que facile à esmouvoir, pourveu qu'il
ne soit lasche : qu'il soit de moyenne hauteur; long de corsage : de
couleur rouge-obscur, ou noire : ayant le poil fin, mol et délié :
large poitrine : assés grand ventre : les reins et costés ouverts :
le dos ferme et droict : courte teste : larges et velues aureilles :
large front et crespu : gros yeux, noirs et clairs : les cornes esle-
vées, noires et polies : grand muffle, camard et noir : larges na-
rines : gros col : grand et pendant fannon : fesse ronde : ferme
genoil : grosse et ronde jambe : la corne du pied petite, noire et
dure : la queue longue et bien fournie de poil. Les vaches aussi
seront de mesure choisies avec distinction d'un sexe à l'autre :
ayans en outre la teste plus petite que le taureau, fort ample ventre,
et grandes tetines comme membre où[4] consiste tout leur revenu.
Ces signes ne sont receus tant généralement, qu'il n'y ait quelque
exception : se diversifiant ce bestail-ci, et en corpulance, et en force,
et en pellage, par le climat et nourriture[5] (comme manifestement,
telles différences se recognoissent à la bouvine de montaigne, à

[1] Etymologie adoptée par *Varron, Columelle* et **Festus**.
[2] Gr. § 86.
[3] Lex.
[4] Gr. § 18.
[5] Gr. § 50.

celle de vallon) dont à la preuve de sa valeur comme à la plus certaine cognoissance, conviendra s'arrester : retenant toutesfois ces addresses, pour les employer selon les occurences. Surquoi on notera, que les beufs emmentelés de noir craignent plus les mouches, qu'estans d'autre couleur.

Autre chose ne faut faire aux vaches, que de les bien traicter, desquelles aura soin le vacher tout le long de l'année, pour les nourrir en campagne, et dans les estables, selon les saisons et les pays. En campagne, durant l'esté, les vaches seront menées aux pasquis, et ce dès la poincte du jour, pour manger l'herbe en la frescheur de la matinée, avec la rosée. Environ les dix heures les serrera-on dans les estableries, où séjourneront durant la grande chaleur (que tout bestail craint beaucoup) laquelle passée, ou pour le moins abaissée, qui sera environ les deux ou trois heures après midi, les mènera-on au pastis jusques à l'entrée de la nuict, lors les enfermant dans le logis jusques au lendemain. C'est un profitable mesnage et pour le bestail et pour les labourages, que de faire coucher la bouvine sur les terres qu'on pretend ensemencer la prochaine année, dans des bons parcs, comme bestail à laine : car elle s'en porte mieux qu'enfermée sous les toicts. Attendu, que jouissans de la frescheur de la nuict, exposées à l'aer, ces bestes sont exemptes de l'importunité des chaleurs, qui ès estables estrangement les travaillent. Et en demeurent au fonds, sur lequel elles séjournent, les graisses provenantes de leurs fientes et urines, dont il est bien amendé : et d'autant mieux, que plus grand est le nombre du bestail : remuant le parc de jour à autre, à l'imitation de celui du menu bestail. Deux fois le jour en este, assavoir, matin et soir, seront ces bestes bouvines, abbruvées : en hyver, une seule fois suffira, qui sera à midi, et tous-jours avec de l'eau claire, n'en pouvans souffrir la trouble : au contraire de la chevaline, qui la boit plus volontiers trouble, que la claire. Les herbages les plus gras, pourveu qu'ils ne soient pas marescageux, sont les meilleurs pour le gros bestail, par quoi, en tels l'on conduira la bouvine, laissant les autres herbages pour l'autre bestail, selon la distinction ja faicte. En hyver, seront les vaches nourries dans les estables, avec des bons fourrages : s'entend si le pays est défectueux en pastis, ou que pour la froidure du climat, ne puissent manger en campagne. Mais estant chaud ou tempéré, et que d'ailleurs l'on soit bien fourni de pascages, sans changer d'ordre, on les entretiendra sur iceux, jusques à ce que les gelées et extrêmes froidures, les chassent des champs, pour les enclorre dans les estableries.

PALMA CAYET.

1525 — 1610.

Né catholique, devenu protestant et même pasteur, Palma Cayet se fit remarquer par ses talents. La reine de Navarre, Jeanne d'Albret, le choisit pour précepteur de son fils, qui fut, depuis, Henri IV. Quand ce prince abjura, Cayet suivit son exemple. On a de lui l'histoire de son temps, qui n'embrasse que neuf années, de 1589 à 1598. Il l'a intitulée en conséquence *Chroniqueur novenaire*. Le récit qu'on va lire se rattache à la lutte de la Ligue, ou du parti catholique, dirigée par le duc Henri de Guise, contre le roi Henri III, réduit à peu près à être chef de parti. Lorsque enfin ce monarque amolli sortit de son apathie, il fit entendre la voix de son autorité sans force, et défendit à Guise d'entrer dans Paris. Guise méprisa cet ordre. Le roi, de son côté, conduisit des troupes dans sa capitale, le 12 mai 1588, mais le peuple se barricada et les chassa. Ce fut la journée des Barricades.

La Journée des Barricades.

Bientôt le roy fut adverty que le duc de Guyse n'estoit venu qu'avec huict gentils-hommes, mais que l'archevesque de Lyon, son confident, et tous les principaux capitaines de la Ligue estoient venus sous ombre d'avoir quelques affaires à Paris, et s'estoient logez par tous les quartiers de la ville. La hardiesse du duc de Guyse, qui y estoit aussi venu contre son commandement, et luy avoit esté descouverte, le rend soupçonneux ; il se résoult donc de faire sortir tous les gentils-hommes de la Ligue qui estoient venus de nouveau à Paris, et de se rendre le plus fort pour chastier quelques factieux des Seize ; mais voicy ce qu'il advint.

Le 12 may, à la pointe du jour, le roy fait entrer par la porte Sainct-Honoré le régiment de ses gardes françoises et celuy des Suisses. Les Suisses furent placés au cimetière Sainct-Innocent, à la place de Grève et au marché Neuf; les gardes françoises se rangèrent sur le petit pont, sur le pont Sainct-Michel et sur le pont Nostre Dame.

Le prevost des marchands et les eschevins de la ville estoient advertis de l'intention du roy; il avait envoyé mesme à M. de Guyse luy dire qu'il luy envoyast le nombre de ses gens : mais les Seize qui estoient en perpétuelle deffiance, se doutèrent bien que l'on en vouloit à eux.

Les gens de guerre du roy ne commençoient que d'entrer dans la rue Sainct-Honoré, que Crucé, procureur du Chastelet [1], l'un des Seize et l'autheur de leur première esmeute, appelée du depuis [2] l'esmeute de Crucé, en receut l'advis; et sur les quatre heures et demie du matin, il fait sortir trois garsons de sa maison, sans manteaux, lesquels allèrent par toute l'université criant : Alarme ! alarme ! Les bourgeois qui n'étoient de la faction des Seize leur demandoient que [3] c'estoit : « C'est Chatillon, respondoient-ils, avec ses huguenots, qui est dans le faux-bourg Sainct-Germain : » et sans s'arrester continuoient leur cry *alarme ! alarme !* Tous ceux de ceste faction sortirent incontinent avec leurs armes ; chacun se rend au corps de garde de son quartier, et (comme rapporte le livre du Maraut et du Malheustre) suyvant la résolution qu'ils avaient prise entr'eux plus d'un an devant, ils se barricadèrent par toute l'Université et jusques contre le petit Chastelet ; et comme les sentinelles du costé de la ruë se posoient par les gardes du roy, Crucé mit des mousquetaires de l'autre. Aussitost que quelques-uns des Seize qui demeuroient en la ruë Neufve veirent que les Suisses se mettoient dans le marché Neuf, ils firent tendre la chesne de la rue neufve Nostre-Dame, la fond border de muids, et tous ceux de leur faction, dont il y en avoit nombre en ces quartiers-là, bordèrent incontinent ceste barricade de mousquets, et montrèrent avec leur contenance aux Suisses qu'ils les feroient bien-tost retirer de devant eux.

Les mareschaux de Biron et d'Aumont, et plusieurs chevaliers des ordres du roy arrivèrent lors, qui, voyant que le peuple fermoit ses boutiques et couroit aux armes, leur commandoient de

[1] Lex.
[2] Lex.
[3] Gr. § 17.

ne le pas faire, monstroient leur ordres au peuple, disoient leurs qualités, leur asseuroient sur leur vies qu'aucun tort ne leur seroit fait, qu'ils avoient charge du roy de les en assurer ; mais les gentils-hommes et capitaines du party du duc de Guyse, qui se trouvèrent incontinent départis et qui estoient logez par toutes les dizaines avec les plus remuans des Seize, disoient au peuple : « Ne croyez ces politiques, ils vous pipent ; ces gens-d'armes et ces Suisses ne sont entrez pour autre effect que pour les mettre en garnison en vos maisons, pour vous rendre misérables, piller vos biens, et en contenter les mignons. » La Cité et toute l'Université fut toute barricadée sur les neuf heures, la ville ne le fut que sur le midy, et furent continuées les barricades si vivement, que les sentinelles furent mises à trente pas du Louvre.

Crucé, qui conduisoit ceux de l'Université, estoit des plus ardents ; des paroles il vint aux effects, les siens font retirer les gardes du roy, et se saississent du petit Chastelet. En mesme temps que le roy est adverty de ce tumulte, il commande que l'on face donc retirer ses gardes ; il n'estoit plus temps de le dire, car, sur l'occasion d'un coup qui fut tiré, ceux qui estoient dans la rue Neufve et du petit Chastelet sortent, tirent sur les Suisses qui estoient au marché Neuf, qui ne se deffendirent point ; il en fut tué quelque vingtaine, et vingt-cinq ou trenté de blessez.

M. de Brissac, qui avoit charge du duc de Guyse de commander au quartier de l'Université, voyant qu'ils crioient : *Bonne France ! bon catholique !* aucuns[2] d'eux monstrans leur chapelets, fit cesser la tuerie, et les fit tous retirer dans la boucherie du marché Neuf. En mesme temps les gardes du roy qui estoient sur les ponts furent chargez et renversez, aucuns désarmez, et contraints de s'enfermer dans quelques maisons, mais sur le commandement de M. de Guyse le sieur de Brissac fit sortir et conduire les Suisses du marché Neuf où ils estoient enfermez, jusques au Louvre ; le capitaine Sainct-Paul, qui commandoit au quartier de la cité, fit en mesme temps retirer les gardes du roy, les armes bas et le bonnet au poing. Les Suisses qui estoient aux autres places firent de mesme. Cependant les Seize se saisissent de l'hostel de ville, de la

---

[1] Lex.

[2] Gr. § 19.

porte Sainct-Antoine et de toutes les places publiques de la ville ; bref ils ont tous les mains à la besongne. Le lendemain on conseille au roy de faire retirer tous les gens de guerre qu'il avoit, et que le peuple s'apaiseroit : il les faict sortir.

Mais nonobstant cela il est adverty que les Seize ne se contentent [1], qu'ils veulent passer plus outre, qu'ils ne veulent demeurer en si beau chemin, que tout s'arme de nouveau, qu'ils veulent avoir le Louvre et sa personne, que l'on assembloit mesme dans le cloistre de Sainct-Séverin les jeunes escoliers, prestres et moynes, qui avoient tous les bords de leurs chapeaux retroussez, et sur le troussis chacun une croix blanche, armez d'espée et de poignard, et que l'on descendoit mesme quantité de faisseaux de picques d'un logis au carrefour Sainct-Séverin, lesquelles on leur devoit bailler pour venir droict au Louvre.

Messieurs du conseil remonstrèrent lors au roy quelques exemples de la furie des peuples, lesquelles il vaut mieux esviter qu'attendre ; le conseillent [2] de se retirer de Paris, et fondèrent leur jugement sur quatre advis qui arrivèrent coup sur coup d'une résolution prise à l'hostel de Guyse de se saisir et du roy et du Louvre.

La royne mère conteste contre eux, leur dit ; « Hier, je ne congnus point aux paroles de M. de Guyse qu'il eust d'autre envie que de se ranger à la raison ; j'y retourneray présentement le veoir, et m'asseure que je lui feray appaiser ce trouble. » Elle se trompa, car estant retournée vers luy, l'ayant prié d'appaiser ceste esmotion, et qu'il pouvoit s'asseurer sur sa foy de venir trouver le roy, duquel elle luy feroit avoir tout le contentement qu'il en pouvoit espérer, il luy respondit fort froidement qu'il n'estoit point cause de l'esmotion du peuple, qu'il ne l'avoit assisté que pour la nécessité où il s'estoit trouvé, et que ses amys ne le conseilleroient pour le présent d'aller au Louvre, foible et en pourpoint, à la mercy de ses ennemis. La royne mère cognut lors que les advis que le roy avoit receus approchoient de la vérité. M. Pinart, secrétaire d'estat, estoit avec elle ; elle le fit tout soudain retourner en diligence vers sa majesté, pour l'avertir qu'elle avoit recognu qu'il y avoit quelque dessein extraordinaire contre luy.

[1] Gr. § 107.
[2] Gr. § 70.

MONTAIGNE.

1538 — 1592.

ANECDOTES.

Edouard [1] Prince de Galles, celui qui regenta si long-temps nostre Guienne, personnage duquel les conditions et la fortune ont beaucoup de notables parties de grandeur, ayant été bien fort offensé par les Limosins, et prenant leur ville par force, ne put estre arresté par les cris du peuple, et des femmes, et enfants abandonnez à la boucherie, lui criants mercy, et se jettans à ses pieds : jusqu'à ce que passant toujours outre dans la ville, il apperceut trois Gentilshommes François, qui d'une [2] hardiesse incroyable soustenoient seuls l'effort de son armée victorieuse. La considération et le respect d'une si notable vertu, reboucha premierement la pointe de sa cholere, et commença par ces trois à faire miséricorde à tous les autres habitans de la ville.

Scanderberch [3] Prince de l'Epire, suyvant un soldat des siens pour le tuer, et ce soldat ayant essayé par toute espece d'humilité et de supplication de l'appaiser, se resolut à toute extremité de l'attendre l'espée au poing : cette sienne resolution arresta sus bout [4] la furie de son maistre, qui pour lui avoir veu prendre un si honorable parti, le receut en grace. Cet exemple pourra souffrir autre interpretation de ceux qui n'auront leu la prodigieuse force et vaillance de ce Prince-là.

L'empereur Conrad troisième, ayant assiégé [5] Guelphe Duc de Bavieres, ne voulut condescendre à plus douces conditions, quel-

---

[1] Que les Anglais nomment communément *The black Prince*, le Prince noir, fils d'Edouard III, roi d'Angleterre, et père de l'infortuné Richard II.

[2] Gr. § 36

[3] Scanderbeg, le héros de l'Albanie, 1404-1466. Il s'appelait George Castriota. Par sa valeur et ses succès il mérita le surnom d'*Iskender-beg*, c'est-à-dire, Prince Alexandre.

[4] Gr. § 35.

[5] En 1140, dans Weinsberg, ville de la haute Bavière.

ques viles et lasches satisfactions qu'on lui offrist, que de permettre seulement aux gentils-femmes [1] qui estoient assiégées avec
le Duc, de sortir leur honneur sauve, à pied, avec ce qu'elles
pourroient emporter sur elles. Elles d'un cœur magnanime, s'ad-
viserent de charger sur leurs espaules leurs maris, leurs enfans,
et le Duc mesme. L'Empereur prit si grand plaisir à voir la gen-
tillesse de leur courage, qu'il en pleura d'aise, et amortit toute
cette aigreur d'inimitié mortelle et capitale qu'il avoit portée
contre ce Duc : et dès lors en avant [2] traita humainement luy et
les siens. L'un et l'autre de ces deux moyens m'emporteroit aysément : car j'ay une merveilleuse lascheté [3] vers la miséricorde
et mansuétude : Tant y a, qu'à mon advis, je serois pour me
rendre plus naturellement à la compassion, qu'à l'estimation. Si
est la pitié passion vitieuse aux Stoïques : Ils veulent qu'on se-
coure les affligez, mais non pas qu'on flechisse et compatisse avec
eux. Or ces exemples me semblent plus à propos, d'autant qu'on
voit ces âmes assaillies et essayées par ces deux moyens, en
soustenir l'un sans s'esbranler et courber sous l'autre.

Et directement contre mes premiers exemples, le plus hardy
des hommes et si gracieux aux vaincus, Alexandre, forçant après
beaucoup de grandes difficultez la ville de Gaza, rencontra Betis
qui y commandoit, de la valeur duquel il avoit, pendant ce siege,
senty des preuves merveilleuses : lors seul abandonné des siens,
ses armes despecées, tout couvert de sang et de playes, combattant encores au milieu de plusieurs Macedoniens, qui le chamail-
loient de toutes parts : et luy dit, tout piqué d'une si chère victoire (car entre autre dommage, il avoit receu deux fresches
blessures sur sa personne) : *Tu ne mourras pas comme tu as voulu,
Betis : fais estat qu'il te faut souffrir toutes les sortes de tourmens
qui se pourront inventer contre un captif.* L'autre, d'une mine non-
seulement asseurée, mais rogue et altiere, se tint sans mot dire
à ces menaces. Lors Alexandre voyant l'obstination à se taire :
« A-t'il flechy un genouil ? lui est-il eschappé quelque voix sup-
« pliante ? Vrayement je vainquerai ce silence : et si je n'en puis

[1] Lex.
[2] Lex. *Avant.*
[3] Lex.

« arracher parole, j'en arracheray au moins du gemissement. »
Et tournant sa cholere en rage, commanda qu'on lui perçast les
talons; et le fit ainsi trainer tout vif, deschirer et desmembrer au
cul d'une charrette. Seroit-ce que la force de courage lui fust
si naturelle et commune, que pour ne l'admirer point, il le res-
pectast moins? ou qu'il l'estimast si proprement sienne, qu'en
cette hauteur[1] il ne peust souffrir de la voir en un autre, sans le
despit d'une passion envieuse? ou que l'impetuosité naturelle de
sa cholere fust incapable d'opposition? De vray, si elle eust receu
bride, il est à croire, qu'en la prise et desolation de la ville de
Thebes elle l'eust receu, à voir cruellement mettre au fil de l'espée tant de vaillans hommes, perdus, et n'ayans plus moyens de
defence publique. Car il en fut tué bien six mille, desquels nul ne
fut veu ny fuyant, ny demandant mercy: au rebours cherchans,
qui ça, qui là[2] par les ruës, à affronter les ennemis victorieux:
les provoquans à les faire mourir d'une mort honorable. Nul ne
fut veu, qui n'essayast en son dernier soupir, de se venger encores : et à tout[3] les armes du desespoir consoler sa mort en la
mort de quelque ennemy. Si ne trouva l'affliction de leur vertu
aucune pitié, et ne suffit la longueur d'un jour à assouvir sa vengeance. Ce carnage dura jusques à la derniere goutte de sang es-
pandable, et ne s'arresta qu'aux personnes desarmées, vieillards,
femmes et enfants, pour en tirer trente mille esclaves.

En la guerre que le Roy Ferdinand mena contre la veufve du
Roy Jean de Hongrie, autour de Bude, un gendarme fut particulierement remarqué de chacun, pour avoir excessivement bien
faict[4] de sa personne, en certaine meslée : et incognu, hautement
loüé, et plaint y estant demeuré : mais de nul tant que de Raïsciac
Seigneur Allemand, espris d'une si rare vertu. Le corps estant
rapporté, cetui-cy d'une commune[5] curiosité, s'approcha pour
voir qui c'estoit : et les armes ostées au trespassé, il reconnut son
fils. Cela augmenta la compassion aux assistans : luy seul, sans

[1] Lex.
[2] Gr. § 16.
[3] Lex. *à.*
[4] Lex.
[5] Générale, n'ayant pas pour objet une personne en particulier.

rien dire, sans siller les yeux, se tint debout, contemplant fixe-
ment le corps de son fils : jusques à ce que la vehemence de la
tristesse, ayant accablé ses esprits vitaux, le porta roide mort par
terre.

Le faict du capitaine Bayard est de meilleure composition, lequel se sentant blessé à mort d'une harquebusade dans le corps,
conseillé de se retirer de la meslée, respondit qu'il ne commence-
roit point sur sa fin à tourner le dos à l'ennemy : et ayant combattu autant qu'il eut de force, se sentant desfaillir, et eschapper
du cheval, commanda à son maistre d'hostel, de le coucher au
pied d'un arbre, mais que ce fust en façon qu'il mourust le visage tourné vers l'ennemi : comme il fit.

ÉTUDE DE LA NATURE.

Faits divers de la vie des animaux.

Le *renard*, dequoy se servent les habitants de la Thrace, quand
ils veulent entreprendre de passer par dessus la glace de quelque
riviere gelée, et le laschent devant eux pour cet effet, quand
nous le verrions au bord de l'eau approcher son oreille bien
près de la glace, pour sentir s'il orra[1] d'une longue ou d'une
voisine distance, bruïre l'eau courant au dessous; et selon qu'il
trouve par-là, qu'il y a plus ou moins d'espesseur en la glace, se
reculer, ou s'avancer; puis n'aurions-nous pas raison de juger
qu'il luy passe par la teste ce mesme discours, qu'il feroit en la
nostre : et que c'est une ratiocination et consequence tirée du sens
naturel : Ce qui fait bruit, se remue ; ce qui se remue, n'est pas
gelé ; ce qui n'est pas gelé, est liquide, et ce qui est liquide, plie
sous le faix[2]. Car d'attribuer cela seulement à une vivacité du
sens de l'ouye, sans discours et sans conséquence, c'est une chi-
mère, et ne peut entrer en nostre imagination. De mesme faut-il
estimer[3] de tant de sortes de ruses et d'inventions, de quoy les
bestes se couvrent des entreprinses que nous faisons sur elles.

[1] Gr. § 26.
[2] Le lien des membres de cette longue période laisse à désirer. En quoi ?
[3] Juger.

Comme nous avons une *chasse*, qui se conduit plus par subtilité , que par force, comme celle des coliers de nos lignes et de l'hameçon, il s'en void aussi de pareilles entre les bestes. Aristote dit, que la *seche* jette de son col un boyau long comme une ligne, qu'elle estend au loing en le laschant, et le retire à soy quand elle veut : à mesure qu'elle apperçoit quelque petit poisson s'approcher, elle le laisse mordre le bout de ce boyau, estant cachée dans le sable, ou dans la vase, et petit à petit le retire jusques à ce que ce petit poisson soit si près d'elle, que d'un sault elle puisse l'attraper.

Quant à la force, il n'est animal au monde en butte de[1] tant d'offenses, que l'homme : il ne nous faut point une baleine, un elephant, un crocodile, ny tels autres animaux, desquels un seul est capable de défaire un grand nombre d'hommes : les pouls sont suffisants pour faire vacquer la Dictature de Sylla : c'est le desjeuner d'un petit ver, que le cœur et la vie d'un grand et triomphant Empereur.

———

Chrysippus, bien qu'en toutes autres choses, autant desdaigneux juge de la condition des animaux, que nul autre Philosophe, considerant les mouvements du *chien*, qui se rencontrant en un carrefour à trois chemins, ou à la queste de son maistre qu'il a esgaré, ou à la poursuite de quelque proye qui fuit devant luy, va essayant un chemin après l'autre, et après s'estre assuré des deux, et n'y avoir trouvé la trace de ce qu'il cherche, s'eslance dans le troisiesme sans marchander : il est contraint de confesser, qu'en ce chien-là, un tel discours se passe : J'ay suivy jusques à ce carrefour mon maistre à la trace, il faut nécessairement qu'il passe par l'un de ces trois chemins : ce n'est ny par cettuy-cy, ny par celuy-là, il faut donc infailliblement qu'il passe par cet autre : et s'assurant par cette conclusion et discours, il ne se sert plus de son sentiment au troisieme chemin, ny ne le sonde plus, ains s'y laisse emporter par la force de la raison. Ce traict purement dialecticien, et cet usage de propositions divisées et conjoinctes,

[1] Gr. § 48.

et de la suffisante enumeration des parties, vaut-il pas autant que
le chien le sçasche de soy, que de Trapezonce [1] ?

Cette action que le Philosophe Cleanthes remarqua, retire aux
nostres : Il vid, dit-il, des *fourmis* partir de leur fourmiliere,
portants le corps d'un fourmi mort, vers une autre fourmiliere,
de laquelle plusieurs autres fourmis leur vindrent au devant,
comme pour parler à eux ; et apres avoir esté ensemble quelque
piece, ceux-cy s'en retournerent, pour consulter, pensez, avec
leurs concitoyens, et firent ainsi deux ou trois voyages pour la difficulté de la capitulation : Enfin ces derniers venus, apporterent
aux premiers un ver de leur taniere, comme pour la rançon du
mort, lequel ver les premiers chargerent sur leur dos, et emporterent chez eux, laissants aux autres le corps du trespassé. Voilà
l'interpretation que Cleanthes y donna : tesmoignant par là que
celles qui n'ont point de voix, ne laissent pas d'avoir pratique et
communication mutuelle, de laquelle c'est nostre deffaut que nous
ne soyons participants ; et nous meslons à ceste cause sottement
d'en opiner.

Les chasseurs nous asseurent, que pour choisir, d'un nombre
de petits chiens, celuy qu'on doit conserver pour le meilleur, il
ne faut que mettre la mère au propre de le choisir elle-mesme,
comme si on les emporte hors de leur giste, le premier qu'elle y
rapportera, sera tousjours le meilleur : ou bien si on fait semblant
d'entourner de feu le giste, de toutes parts, celuy des petits, au
secours duquel elle courra premierement. Par où il appert qu'elles ont un usage de prognostique que nous n'avons pas : ou qu'elles ont quelque vertu à juger de leurs petits, autre et plus vive
que la nostre.

[1] Georgius Trapezuntius, qu'on nomme présentement en français George de
Trébisonde, l'un de ces savants qui, forcés de quitter l'Orient dans le quinzième
siècle, se réfugièrent en Occident où ils firent revivre les belles-lettres. Eugène IV
l'honora de la conduite d'un des colléges de Rome.

Quant à l'*amitié*, les bestes l'ont, sans comparaison, plus vive et plus constante, que n'ont pas les hommes. Hyrcanus le chien du Roy Lysimachus, son maistre mort, demeura obstiné sur son lict, sans vouloir boire ne manger : et le jour qu'on en brusla le corps, il print sa course, et se jetta dans le feu, où il fut bruslé. Comme fit aussi le chien d'un nommé Pyrrhus ; car il ne bougea de dessus le lict de son maistre, depuis qu'il fut mort: et quand on l'emporta, il se laissa enlever quant et luy, et finalement se lança dans le buscher où on brusloit le corps de son maistre. Il y a certaines inclinations d'affection, qui naissent quelquefois en nous, sans le conseil de la Raison, qui viennent d'une temerité fortuite, que d'autres nomment sympathie : les bestes en sont capables comme nous. Nous voyons les chevaux prendre certaine accointance des uns aux autres, jusques à nous mettre en peine pour les faire vivre ou voyager séparément. On les void appliquer leur affection à certain poil de leurs compaignons, comme à certain visage, et où ils le rencontrent, s'y joindre incontinent avec feste et demonstration de bienveillance ; et prendre quelque autre forme à contre cœur et en haine.

Quant à la *gratitude* (car il me semble que nous avons besoin de remettre ce mot en credit) [1] ce seul exemple y suffira, qu'Appion recite comme en ayant esté luy-même spectateur. Un jour, dit-il, qu'on donnoit à Rome au peuple le plaisir du combat de plusieurs bestes estranges [2], et principalement de Lyons de grandeur inusitée, il y en avoit un entre autres, qui par son port furieux, par la force et grosseur de ses membres, et un rugissement haultain et espouvantable, attiroit à soy [3] la veue de toute l'assistance. Entre les autres esclaves, qui furent presentez au peuple en ce combat des bestes, fut un Androclus de Dace, qui estoit à un Seigneur Romain, de qualité consulaire. Ce Lyon l'ayant apperceu de loing,

[1] Le mot de *gratitude*, adopté par notre langue, était donc nouveau du temps de Montaigne, ou créé ou du moins accrédité par lui.

[2] Lex.

[3] Gr. § 58.

s'arresta premierement tout court, comme estant entré en admiration, et puis s'approcha tout doucement d'une façon molle et paisible, comme pour entrer en recognoissance avec luy. Cela faict, et s'estant asseuré de ce qu'il cherchoit, il commença à battre de la queue à la mode des chiens qui flattent leur maistre, et à baiser et lescher les mains et les cuisses de ce pauvre miserable, tout transi d'effroy et hors de soy. Androclus ayant repris ses esprits par la benignité de ce lyon, et r'asseuré sa vue pour le considerer et recognoistre : c'estoit un singulier plaisir de voir les caresses et les festes qu'ils s'entrefaisoient l'un à l'autre. Dequoy le peuple ayant eslevé des cris de joye, l'Empereur fit appeller cest esclave, pour entendre de luy le moyen d'un si estrange evenement. Il luy recita une histoire nouvelle et admirable : « Mon « maistre, dit-il, estant Proconsul en Affrique, je fus contrainct « par la cruauté et rigueur qu'il me tenoit, me faisant journelle- « ment battre, me desrober de luy, et m'en fuir. Et pour me ca- « cher seurement d'un personnage ayant si grande authorité en la « Province, je trouvay mon plus court de gaigner les solitudes et « les contrées sabloneuses et inhabitables de ce pays-là ; résolu, « si le moyen de me nourrir venoit à me faillir, de trouver quel- « que façon de me tuer moy-mesme. Le soleil estant extremement « aspre sur le midy, et les chaleurs insupportables, je m'embatis « sur une caverne cachée et inaccessible, et me jettay dedans. « Bientost après y survint ce lyon, ayant une patte sanglante et « blessée, tout plaintif et gemissant des douleurs qu'il y souffroit : « à son arrivée j'eus beaucoup de frayeur : mais luy me voyant « mussé dans un coing de sa loge, s'approcha tout doucement de « moy, me presentant sa patte offensée, et me la montrant comme « pour demander secours : je luy ostay lors un grand escot qu'il « y avoit, et m'estant un peu apprivoisé à luy, pressant sa playe en « fis sortir l'ordure qui s'y amassoit, l'essuyay, et nettoyay le plus « proprement que je peus. Luy se sentant allegé de son mal, et « soulagé de cette douleur, se prit à reposer, et à dormir, ayant « tousjours sa patte entre mes mains. De là en hors luy et moy « vesquimes ensemble en cette caverne trois ans entiers de mesme « viande : car des bestes qu'il tuoit à sa chasse, il m'en apportoit « les meilleurs endroits, que je faisois cuire au soleil à faute de « feu, et m'en nourrissois. A la longue, m'estant ennuyé de cette

« vie brutale et sauvage, comme ce Lyon estoit allé un jour à sa
« queste accoustumée, je partis de là, et à ma troisiesme journée
« fus surprins par les soldats, qui me menerent d'Affrique en cette
« ville à mon maistre, lequel soudain me condamna à mort, et à
« estre abandonné aux bestes. Or à ce que je voy, ce lyon fut
« aussi prins bientost après, qui m'a à cette heure vouleu recom-
« penser du bien-faict et guerison [1] qu'il avoit receu de moy. »
Voyla l'histoire qu'Androclus recita à l'Empereur, laquelle il fit
aussi entendre de main à main au peuple. Par quoy à la requeste
de tous il fut mis en liberté, et absous de cette condamnation, et
par ordonnance du peuple luy fut faict present de ce lyon. Nous
voyons depuis, dit Appion, Androclus conduisant ce lyon à tout
une petite lesse, se promenant par les tavernes à Rome, recevoir
l'argent qu'on lui donnoit, le lyon se laisser couvrir des fleurs
qu'on luy jettoit, et chascun dire en les rencontrant : *Voyla le
lyon hoste de l'homme, voyla l'homme médecin du lyon.*

Il nous faut remarquer *la parité* qui est *entre les bestes et nous.*
Nous avons quelque moyenne intelligence de leurs sens : aussi ont
les bestes des nostres, environ à mesme mesure. Elles nous flattent,
nous menassent et nous requierent : et nous elles [2]. Au demeurant
nous decouvrons bien evidemment, qu'entre elles il y a une pleine
et entière communication, et qu'elles s'entr'entendent, non seulement celles de mesme espece, mais aussi d'especes diverses. En
certain abboyer du chien le cheval cognoist qu'il y a de la colère :
mesmes de certaine autre sienne voix, il ne s'effraye point. Aux
bestes qui n'ont pas de voix, par la société d'offices que nous voyons
entre elles, nous argumentons aysément quelque autre moyen de
communication, leurs mouvements discourent et traictent.

Pourquoy non tout aussi bien, que nos muets disputent, argu-
ment, et content des histoires par signes ? J'en ay veu de si souples
et formez à cela, qu'à la vérité, il ne leur manquoit rien à la per-
fection de se sçavoir faire entendre. Les amoureux se courrous-

[1] Gr. § 50.
[2] Gr. § 113.

sent, se reconcilient, se prient, se remercient, s'assignent, et disent enfin toutes choses des yeux.

Quoy des mains[1]? nous requerons, nous promettons, appellons, congedions, menaçons, prions, supplions, nions, refusons, interrogeons, admirons, nombrons, confessons, repentons[2], craignons, vergoignons, doubtons, instruisons, commandons, incitons, encourageons, jurons, tesmoignons, accusons, condamnons, absolvons, injurions, mesprisons, deffions, despittons, flattons, applaudissons, benissons, humilions, moquons[3], reconcilions, recommandons, exaltons, festoyons, rejouïssons, complaignons, attristons, desconfortons, desesperons, estonnons, escrions[4], taisons[5], et quoy non? d'une variation et multiplication à l'envy de la langue. De la teste nous convions, renvoyons, advouons, desadvouons, desmentons, bienveignons, honorons, venerons, desdaignons, demandons, esconduisons, egayons, lamentons, caressons, tansons, soubsmettons, bravons, exhortons, menaçons, asseurons, enquerons. Quoy des sourcils? Quoy des espaules? Il n'est mouvement, qui ne parle, et un langage intelligible sans discipline, et un langage public : Qui fait, voyant la variété et usage distingué des autres, que cettuy-cy doibt plustost estre jugé le propre de l'humaine nature. Je laisse à part ce que particulierement la necessité en apprend soudain à ceux qui en ont besoing : et les alphabets des doigts, et grammaires en gestes : et les sciences qui ne s'exercent et ne s'expriment que par iceux : et les nations que Pline dit n'avoir point d'autre langue. Un ambassadeur de la ville d'Abdere, après avoir longuement parlé au roy Agis de Sparte, lui demanda : Et bien, sire, quelle response veux-tu que je rapporte à nos Citoyens? *Que je t'ay laissé dire tout ce que tu as voulu, et tant que tu as voulu, sans jamais dire mot.* Voilà pas[6] un taire[7] parlier et bien intelligible?

Au reste, quelle sorte de nostre suffisance ne recognoissons-nous aux operations des animaux ? Est-il police reiglée avec plus d'ordre, diversifiée[8] a plus de charges et d'offices, et plus con-

---

[1] Gr. § 113.

[2] [3] [4] [5] Dans cette énumération il se trouve plusieurs verbes pronominaux, dont Montaigne a supprimé le pronom régime, pour la rapidité et la symétrie, sans nuire à la clarté.

[6] Gr. § 101, 3°.

[7] Gr. § 87.

[8] Lex.

stamment entretenue, que celle des mouches à miel? Cette disposition d'actions et de vacations si ordonnée, la pouvons-nous imaginer se conduire sans discours[1] et sans prudence?

Les arondelles que nous voyons au retour du printemps fureter tous les coins de nos maisons, cherchent-elles sans jugement, et choisissent-elles sans discrétion[2] de mille places, celle qui leur est la plus commode à se loger? Et en cette belle et admirable contexture de leurs bastimens, les oiseaux peuvent-ils se servir plutost d'une figure quarrée, que de la ronde, d'un angle obtus, que d'un angle droit, sans en sçavoir les conditions et les effets? Prennent-ils tantost de l'eau, tantost de l'argile, sans juger que la dureté s'amollit en l'humectant? Planchent-ils de mousse leurs palais, ou de duvet, sans prevoir que les membres tendres de leurs petits y seront plus mollement et plus à l'ayse? Se couvrent-ils du vent pluvieux, et plantent leur loge à l'orient, sans cognoistre les conditions différentes de ces vents, et considérer que l'un leur est plus salutaire que l'autre? Pourquoy espessit l'araignée sa toile en un endroit, et relasche en un autre; se sert à cette heure de cette sorte de nœud, tantost de celle-là, si elle n'a et deliberation, et pensement, et conclusion?

Etude de la nature humaine.

Nature a embrassé universellement toutes ses créatures : et n'en est aucune, qu'elle n'ait bien pleinement fourny[3] de *tous moyens necessaires a la conservation de son estre.* Car ces plaintes vulgaires que j'oy[4] faire aux hommes, (comme la licence de leurs opinions les esleve tantost au-dessus des nuës, et puis les ravale aux Antipodes) que nous sommes le seul animal abandonné, nud sur la terre nuë, lié, garrotté, n'ayant de quoy s'armer et couvrir que de la despouille d'autruy : là où toutes les autres creatures, Nature les a revestues de coquilles, de gousses, d'escorce, de poil, de

[1] Lex.
[2] Lex.
[3] Gr. § 96.
[4] Gr. § 96.

laine, de pointes, de cuir, de bourre, de plume, d'escaille, de toison et de soye, selon le besoin de leur estre : les a armées de griffes, de dents, de cornes, pour assaillir et pour deffendre : et les a elle-mesme instruites à ce qui leur est propre, à nager, à courir, à voler, à chanter : là où l'homme ne sçait ny cheminer, ny parler, ny manger, ny rien que pleurer sans apprentissage.

Mais il y a en la police du monde, une egalité plus grande, et une relation plus uniforme. Nostre peau est pourveue aussi suffisamment que la leur, de fermeté contre les injures du temps, tesmoing plusieurs Nations, qui n'ont encores essayé nul usage de vestement. Nos anciens Gaulois n'estoient gueres vestus; ne sont pas [1] les Irlandois nos voisins soubs un ciel si froid. Mais nous le jugeons mieux par nous-mesmes : car tous les endroits de la personne, qu'il nous plaist descouvrir au vent et à l'air, se trouvent propres à le souffrir. S'il y a partie en nous foible, et qui semble devoir craindre la froidure, ce devroit estre l'estomach, où se fait la digestion : nos peres le portoyent descouvert. Les liaisons et emmaillottements des enfants ne sont non plus necessaires : et les meres Lacedemoniennes eslevoient les leurs en toute liberté de mouvements de membres, sans les attacher ne plier. Nostre pleurer est commun à la plus part des autres animaux, et n'en est guere qu'on ne voye se plaindre et gemir long-temps après leur naissance : d'autant que c'est une contenance bien sortable à la foiblesse, en quoy [2] ils se sentent. Quant à l'usage du manger, il est en nous, comme en eux, naturel et sans instruction : Qui fait doubte qu'un enfant arrivé à la force de se nourrir, ne sceust quester sa nourriture ? Et la terre en produit, et luy en offre assez pour sa necessité, sans autre culture et artifice : et si non en tout temps, aussi ne fait-elle [3] pas aux bestes, tesmoing les provisions, que nous voyons faire aux fourmis et autres, pour les saisons steriles de l'année. Ces Nations, que nous venons de descouvrir, si abondamment fournies de viande et de breuvage naturel, sans soing et sans façon, nous viennent d'apprendre que le pain n'est pas nostre seule nourriture : et que sans labourage, nostre mere Nature nous avoit munis a planté de tout ce qu'il nous falloit :

[1] Ne le sont pas non plus.
[2] Gr. § 17.
[3] Lex.

voire, comme il est vrai-semblable, plus pleinement et plus richement qu'elle ne fait à présent, que nous y avons meslé nostre artifice : le debordement et desreiglement de nostre appetit devan-
çant toutes les inventions que nous cherchons de l'assouvir.

Quant aux *armes*, nous en avons plus de naturelles que la plus
part des autres animaux, plus de divers mouvements de membres,
et en tirons plus de service naturellement et sans leçon : ceux
qui sont conduicts à combattre nuds, on les voit se jetter aux hazards pareils aux nostres. Si quelques bestes nous surpassent en
cet advantage, nous en surpassons plusieurs autres. Et l'industrie
de fortifier le corps et le couvrir par moyens acquis, nous l'avons
par un instinct et precepte naturel. Qu'il soit ainsi, l'elephant ai-
guise et esmoult ses dents, desquelles il se sert à la guerre : car il
en a de particulières pour cet usage, lesquelles il espargne, et ne
les employe aucunement à ses autres services. Quand les taureaux
vont au combat, ils respandent et jettent la poussiere à l'entour
d'eux : les sangliers affinent leurs deffenses, et l'ichneumon, quand
il doit venir aux prinses avec le crocodile, munit son corps, l'en-
duit et le crouste tout à l'entour, de limon bien serré et bien pais-
try, comme d'une cuirasse. Pourquoy ne dirons-nous qu'il est
aussi naturel de nous armer de bois et de fer?

Le vrai courage.

L'estimation et le prix d'un homme consiste au cœur et en la
volonté : c'est là ou gist son vray honneur : la *vaillance* c'est la
fermeté, non pas des jambes et des bras, mais du courage[1] et de
l'ame : elle ne consiste pas en valeur de nostre cheval, ny de nos
armes, mais en la nostre. Celuy qui tombe obstiné en son courage, qui pour quelque danger de la mort voisine, ne relasche
aucun point de son asseurance, qui regarde encore en rendant
l'ame, son ennemy d'une veue ferme et desdaigneuse, il est battu,
non pas de nous, mais de la fortune; il est tué, non pas vaincu :
les plus vaillans sont par fois les plus infortunez.

Aussi y a-t-il des pertes triomphantes à l'envie des victoires.

[1] Lex.

Ny ces quatre victoires sœurs, les plus belles que le Soleil aye onques veu de ses yeux, de Salamine, de Platées, de Micale, de Sicile, n'oserent onques opposer toute leur gloire ensemble, à la gloire de la desconfiture du Roy Leonidas et des siens au pas de Thermopyles. Qui courut jamais d'une plus glorieuse envie, et plus ambitieuse, au gain du combat, que le capitaine Ischolas à la perte? Qui plus ingenieusement et curieusement s'est assuré de son salut, que luy de sa ruine? Il estoit commis à deffendre certain passage du Peloponese, contre les Arcadiens: pour quoy faire, se trouvant du tout[1] incapable, veu la nature du lieu et inégalité des forces; et se resolvant que tout ce qui se presenteroit aux ennemis, auroit de nécessité à y demeurer; d'autre part, estimant indigne et de sa propre vertu et magnanimité, et du nom Lacedemonien, de faillir à sa charge, il prit entre ces deux extremités, un moyen parti, de telle sorte : Les plus jeunes et dispos de sa troupe, il les conserva à la tuition et service de leur Pays, et les y renvoya : et avec ceux desquels le defaut estoit moindre, il delibera de soustenir ce pas; et par leur mort en faire acheter aux ennemys l'entrée la plus chere, qu'il luy seroit possible : comme il advint. Car estant tantôt environné de toutes parts par les Arcadiens, après en avoir faict une grande boucherie, luy et les siens furent touts mis au fil de l'espée. Est-il quelque trophée assigné pour les vainqueurs, qui ne soit mieux deu à ces vaincus? Le vray vaincre a pour son roolle l'estour, non pas le salut : et consiste l'honneur de la vertu, à combattre, non à battre.

Tout ainsi qu'en nos corps ils disent qu'il y a une *assemblée de diverses humeurs*, desquelles celle-la est maistresse, qui commande le plus ordinairement en nous selon nos complexions; aussi en notre ame, bien qu'il y ait divers mouvements qui l'agitent, faut-il qu'il y en ait un à qui le champ demeure. Mais ce n'est pas avec si entier advantage, que pour la volubilité et souplesse de nostre ame, les plus foibles par occasion ne regaignent encores la place, et ne facent une courte charge à leur tour. D'où nous voyons non

[1] Lex.

seulement les enfans, qui vont tout naïfvement après la nature, pleurer et rire souvent de mesme chose : mais nul d'entre nous ne se peut vanter, quelque voyage qu'il face à son souhait, qu'encore au départir de sa famille, et de ses amis, il ne se sente frissonner le courage : et si les larmes ne luy en eschappent tout à faict, au moins met-il le pied à l'estrié, d'un visage morne et contristé. Et quelque gentille flamme qui eschauffe le cœur des filles bien nées, encore les despend-on à force du col de leurs meres pour les rendre à leurs espoux.

Ainsi il n'est pas estrange de plaindre celuy-là mort, qu'on ne voudroit aucunement estre envie. Quand je tance avec mon valet, je tance du meilleur courage que j'aye : ce sont vrayes et non feintes imprecations : mais cette fumée passée, qu'il ayt besoing de moy, je luy bien·feray volontiers, je tourne à l'instant le feuillet. Quand je l'appelle un badin [1], un veau, je n'entreprens pas de luy coudre à jamais ces titres : ne pense me desdire, pour le nommer honneste homme tantost après. Nulle qualité nous embrasse purement et universellement. Si ce n'estoit la contenance d'un fol, de parler seul, il n'est jour ny heure à peine, en laquelle on ne m'ouist gronder en moy-mesme, et contre moy; Bren du fat : et si n'entends pas que ce soit ma definition. Qui pour me voir une mine tantost froide, tantost amoureuse envers ma femme, estime que l'un ou l'autre soit feinte, il est un sot. Neron prenant congé de sa mere, qu'il envoyait noyer sentit toutefois l'émotion de cet adieu maternel : et en eust horreur et pitié. On dit que la lumière du soleil n'est pas d'une piece continue : mais qu'il nous élance si dru sans cesse nouveaux rayons les uns sur les autres, que nous n'en pouvons appercevoir l'entredeux. Ainsi eslance nostre ame ses pointes diversement et imperceptiblement.

Artabanus surprint Xerxes son nepveu, et le tança de la mutation soudaine de sa contenance. Il estoit à considerer la grandeur desmesurée de ses forces, au passage de l'Hellespont, pour l'entreprise de la Grece. Il lui prit premierement un tressaillement d'ayse, à voir tant de milliers d'hommes à son service, et le tesmoigna par l'allegresse et feste de son visage : et tout soudain en mesme instant, sa pensée luy suggerant, comme tant de vies

[1] Lex.

avoient à defaillir, au plus loing dans un siecle, il refroigna son front, et s'attrista jusques aux larmes.

Nous avons poursuivy avec resolue volonté la vengeance d'une injure, et ressenty un singulier contentement de la victoire ; nous en pleurons pourtant. Ce n'est pas de cela que nous pleurons : il n'y a rien de changé ; mais nostre ame regarde la chose d'un autre œil, et se la represente par un autre visage : car chasque chose a plusieurs biais et plusieurs lustres. La parenté, les anciennes accointances et amitiez, saisissent nostre imagination, et la passionnent pour l'heure, selon leur condition ; mais le contour en est si brusque, qu'il nous eschappe. Et à cette cause, voulants de toute cette suite continuer [1] un corps, nous nous trompons. Quand Timoleon pleure le meurtre qu'il avoit commis d'une si meure et genereuse deliberation, il ne pleure pas la liberté rendue à sa Patrie, il ne pleure pas le Tyran, mais pleure son frere. L'une partie de son devoir est joüée, laissons-luy en jouer l'autre.

PASQUIER.

1529 — 1610.

Francois Ier et le collége de France.

Nous eusmes sur nos ieunes ans un Roy Francois I de ce nom, zelateur des bonnes lettres, lequel le renvia non seulement sur tous ses ancestres, ains en rapporta le laurier. Le malheur du temps avoit voulu qu'ores que l'Université de Paris fust en honneur par dessus toutes les autres de l'Europe, toutesfois on n'y cognoissoit la langue Hébraïque que de nom : Et quant à la Grecque, bien que l'on en fist quelque estat, c'estoit plus par contenance, que d'effect. Car mesmes lors qu'il estoit question de l'expliquer, ceste parole couroit en la bouche de plusieurs ignorans, *Graecum est non legitur* : Et au regard de la Latin (exercice ordi-

[1] Lex. Voulant de ces impressions qui se suivent (se succèdent) former un tout.

naire des Regens) c'estoit vn langage goffe et grossier. Ce Roy estoit, comme i'ay dit, naturellement adonné aux lettres, dont dès sa ieunesse (portant le seul tiltre de Duc d'Angoulesme) il auoit fait si belles preuues que le gentil Baltazard de Chastillon en son *Courtizan*, se promettoit de luy, qu'estant Roy il restabliroit les bonnes lettres dedans son Royaume. Esperance dont il ne fut trompé, car quelques annees apres que ce Prince fut arrivé à la couronne, il pourpensa d'eriger vn nouuau college de doctes hommes, par lesquels les langues Grecque, et Latine, ensemble les sciences seroient diuersement enseignees.

Je voy, quelques-vns discourans par aduis de pays sur ceste affaire, attribuer ce nouueau mesnage, les aucuns au docte Guillaume Budé [1] seulement, les autres à Messire Jean du Bellay Cardinal, et Jean Lascary, et que par leur aduis le Roy fut induit à ce faire. Non, il n'eut en cecy autre instigateur que soy-mesme.

Il estoit (comme i'ay dit) naturellement adonné aux lettres, aussi fut-il naturellement de soy-mesme inspiré à ceste noble deuotion. Bien recognoistray-ie que depuis Budé seruit de fidele instrument au public pour l'y maintenir. Et afin que l'on ne pense que ie parle maintenant par cœur, ains par liure, Christophle de Longueil, l'autre Ciceron de son temps, ayant sommé Budé par lettres, de luy mander comme il gouuernoit ses Estudes. Elles sont (luy respondit-il) en friche; J'ay quitté ma maison de Marly qui estoit leur sciour ordinaire, pour m'habituer à la Cour et suitte de mon Roy : Que si ie voulois maintenant reprendre la route de ma maison, l'on diroit que par vne fetardise de moy, ie serois deserteur de mon deuoir enuers ma patrie. Sçavoir pourquoy? Depuis que i'ay eu cet honneur d'haleiner le Roy, il luy est souuent aduenu de declarer publiquement, non par hazard, ains de bon sens et propos deliberé, qu'il vouloit bastir dedans Paris, les villes de Rome, et d'Athenes, pour y planter à bon escient la langue Latine, et la Grecque, et tout d'vne main immortalizer sa memoire dedans la posterité. Voyant ceste belle opinion nee en luy, ie n'ay

---

[1] Guillaume Budée, Parisien (1467-1540), un des hommes les plus savants dans les langues anciennes et la connaissance de l'antiquité. Son traité *De asse*, sur les anciennes monnaies, fut universellement admiré. François Ier aimait son entretien et recevait ses avis. Il l'honora selon son mérite. Erasme l'appela *le prodige de la France*.

depuis doubté en le gouvernant, de la luy ramanteuoir, non vne,
ains plusieurs fois, selon que les occasions s'offroient. Chacun se
repaist de ceste belle promesse, elle court par la bouche de tous,
et chacun par vn vœu et souhait commun me promet la conduite
et direction de cet ouurage, se faisant accroire que i'en estois le
premier autheur. Au moyen dequoy si maintenant ie m'absentois
tant soit peu de la Cour sans le congé de mon Maistre, on m'im-
puteroit cela à vne faute inexcusable : d'autant qu'il pourroit
aduenir que cependant l'ardeur Royale et Divine du Roy se tiedi-
roit tout à fait. Quoy faisant on diroit que i'auois sous faux gages
gaigné la faueur d'vn Prince, lequel ayant de son propre mouue-
ment et instinct embrassé ceste saincte institution, ie me deuois
du tout dedier à l'entretenement et augmentation d'icelle. Ce que
n'ayant fait, ie tomberois en la malebouche de tous, si tant estoit
(ce que ja à Dieu ne plaise) que ce beau projet reüssist à neant.

A tant[1] Budé. Je me suis estudié d'habiller à la Françoise, et
rendre, non mot pour mot, ains à ma guise, le sens de ce
passage que i'ay extraict de la première du troisiesme liure de ses
lettres Latines. Et parce qu'elle porte seulement la date du mois et
du iour, non de l'annee, ceste faute est suppleée par vne autre
subsequente du mois de décembre 1520, qu'il adressa à Jacques
Tusan, depuis Professeur du Roy en la langue Grecque, de laquelle
le commencement est tel. Je croy facilement ce que m'escriuez,
que la promesse faite par le Roy d'eriger un nouveau college, dont
ie vous ay donné aduis par mes lettres, a resueillé en vous, et vos
semblables vn desir indicible d'estude. Et combien que depuis on
n'en ait rien fait ny parlé, toutesfois ie ne faist aucune doute[2] que ce
nouveau project sortira son effect[3] tel que ie souhaiterois, sinon
qu'il aduienne quelque desastre generalement à la France, et à
moy particulierement, et à ceux qui auec moy ont embrassé ceste
affaire.

De ces deux missiues ie recueille, premierement que le Roy
fut induit à ceste noble entreprise de son propre instinct, puis
entretenu en icelle par Budé et quelques autres Seigneurs ; et fina-

---

[1] Lex.

[2] Gr. § 7.

[3] *Sortir* n'est verbe actif, souvent joint au régime *effet*, qu'en termes de ju-
risprudence ; il est ici employé dans un sens plus général, mais par un avocat.

lement que ce college n'estoit encore creé en l'annee mil cinq cens vingt. Les coadiuteurs de Budé furent ainsi qu'est la commune voix, Messire Jean du Bellay cardinal, et Jean de Lascary de la famille des derniers Empereurs de Constantinople [1].

La fuitte du connestable de Bourbon, l'expédition en Italie pour le recouvrement du Milannois, la prise du Roy François premier, sa prison en Espagne, ostages de Messieurs ses enfans, allees et venuës pour la negotiation de sa rançon, tout cela, dis-ie, fut cause de mettre en surseance ce beau dessein, iusques à ce que les affaires de France s'estans par vn traicté de paix assez fascheux, aucunement r'affermies de mal en bien, et de bien en mieux, le roy en fin se trouuant deliuré de corps et d'esprit, reuenant à son premier penser, ouurit la porte à ce college, non toutesfois tout d'vn coúp, ains selon et à mesure que Budé (sur lequel il se reposoit) trouuoit gens sortables pour luy presenter, sur la nomination duquel ils obtenoient leurs lettres de prouision, chacun aux gages de deux cens escus, valans quarante-cinq sols pour pièce. Son premier dessein n'estoit pour le fait des langues, que de la Grecque et Latine : comme vous voyez par le passage de Budé, toutesfois mettant la main à l'œuure il y adiousta l'Hébraïque.

Au demeurant il n'y eut sous le regne de François premier, qu'vnze places destinées à ce noble et Royal exercice, et la douzieme, erigee à la postulacion et requeste de Charles Cardinal de Lorraine par le Roy Henry second, en faueur de Pierre Ramus, sous le tiltre de Professeur du Roy en l'Oratoire et Philosophie.

La farce de Patelin [2].

Ne vous souuient-il point de la response que fit Virgile à ceux qui luy improperoient l'estude qu'il employoit en la lecture d'En-

---

[1] À la prise de Constantinople par les Turcs en 1453, Jean Lascaris, comme d'autres savants grecs, chercha un asile en Italie et le trouva dans la maison de Laurent de Médicis, à Florence. Il devint son bibliothécaire, et fut ensuite, en la même qualité, appelé à Paris par Louis XII. La bibliothèque impériale possède des manuscrits grecs qu'elle doit aux soins de Lascaris.

[2] Comédie en vers du XVᵐᵉ siècle, regardée avec raison comme un chef-d'œuvre de gaîté comique. Elle a été imprimée plusieurs fois. M. Génin en a donné une nouvelle édition en 1854. Au commencement du XVIIIᵐᵉ siècle Brueys a adapté *l'avocat Pathelin* à la scène moderne.

nius, quand il leur dit, que en ce faisant, il auoit appris de tirer
l'or d'vn fumier ? Le semblable m'est aduenu n'agueres aux champs
où estant destitué de la compagnie, ie trouuai sans y penser, la
Farce de Maistre Pierre Patelin, que ie leu et releu auec tel contentement, que i'oppose maintenant cest eschantillon à toutes les co-
medies Grecques, Latines et Italiennes. L'autheur introduit Patelin
aduocat, maistre passé en tromperie, vne Guillemette sa femme
qui le seconde en ce mestier, vn Guillaume Drapier, vray badaut,
ie dirois volontiers de Paris, mais ie ferois tort à moy mesme, vn
Aignelet Berger lequel discourant son fait en lourdois, et prenant
langue de Patelin, se faict aussi grand Maistre que luy. Patelin
se voulant habiller de neuf, aux despens du Drapier, complotte
avec sa femme de¹ ce qu'il auoit à faire. De ce pas il va à la foire,
où feignant de ne recognoistre bonnement la boutique du bon
Guillaume, apres s'en estre asseuré, il s'abouche auecques luy,
raconte l'amitié qu'il auoit porté à feu son pere, les aduis qui
estoient en luy, ayant dès son viuant predit tous les malheurs
depuis aduenus par la France, et tout d'vne suitte luy represente
sa posture, ses mœurs, sa manière de viure, en fin que Guillaume
luy ressembloit en tout, de face et de façons. Et ainsi l'endormant
sur le narré de ceste belle histoire, il iette l'œil sur ses draps,
les considère, les manie, nouuelle enuie luy prend d'en achepter,
encores que venant à la foire il n'y eust aucunement pourpensé,
commence de les marchander. Guillaume luy loüe hautement sa
marchandise, les leines estans grandement encheries depuis peu
de temps, demande vingt-quatre sols de l'aulne. Patelin luy en
offre vingt : Guillaume est marchand en vn mot, et ne veut rien
rabattre du prix. A quoy Patelin condescend, et en leue six aulnes
tant pour luy que sa femme : reuenans à neuf francs, qui disoient
six escus. Il est question de payer, mais il n'a argent sur soy, dont
il est bien aise : car il veut renoüer avec luy l'anciennc amitié qu'il
portoit à son pere. Le semond de venir manger d'vne oye qui estoit à la broche, et qu'il le payeroit. Combien qu'il poisast au
marchand de n'estre payé sur le champ, comme estant d'vne
nature défiante, si est-ce que vaincu des importunitez de Patelin,
il est contrainct de s'y accorder. Patelin emporte son drap, lequel

¹ Gr. § 72.

à l'issuë de là, parlant à part soy, dit que Guillaume luy auoit
vendu ce drap à son mot[1], mais qu'il le payeroit au sien : et en
cela il ne fut menteur. Car estant de retour en sa maison, sa femme
bien estonnée, luy demande en quelle monnoye il entendoit le
payer, veu qu'il n'y auoit croix ny pille chez eux. Il lui respond
que ce seroit en vne maladie, et que d'eslors il s'alloit aliter,
afin que le marchand venant, Guillemette le payast de pleurs et
larmes. Ce qui fut faict. Le bon Guillaume ne demeura pas long-
temps sans s'acheminer chez Patelin ; se promettant de faire vn
bon repas autant que d'estre payé.

Ils ne verront Soleil ny Lune,
Les escus qu'il me baillera.

Disoit ce pauvre idiot : en quoy aussi il dit verité. En ceste opinion il arrive gay et gaillard en la maison de Patelin : où pensant estre accueilly d'vne mesme chere, il y trouue vne pauure
femme infiniment esploree de la longue maladie de son mary :
Plus il hausse sa voix, plus elle le prie de vouloir parler bas, pour
ne rompre la teste au malade, et le supplie à ioinctes mains de le
laisser en recoy.

Qui me payast (replique l'autre) *ie m'en allasse.* Ce temps pendant Patelin vient aux entremets, qui dit mille mots de resuerie.
Je vous prie d'imaginer combien plaisant est ce contraste. Car
pour dire la verité il m'est du tout impossible de le vous repre-
senter au naïf. Tant y a qu'après vne longue contestation le Marchand est contrainct de s'en retourner en sa boutique : Bien empesché lequel des deux auoit resué, ou luy, ou bien Patelin. Retourné qu'il est, il trouue que ce n'estoit resuerie de son costé, et
qu'il y auoit six aulnes de tare en sa piece de drap. Au moyen de
quoy il reprend sa premiere voye chez Patelin, lequel se doutant
du retour, n'auoit encore desemparé son lit. Là c'est à beau jeu
beau retour, chacun ioue son personnage à qui mieux mieux,
mesme Patelin pousse de sa reste. Car en ses resueries il parle
cinq ou six sortes de langages, Limosin, Picard, Normand, Breton, Lorrain : Et sur chaque langage Guillemette fait des com-
mentaires si à propos pour monstrer que son mary estoit sur le

[1] Lex.

poinct de rendre l'ame à Dieu, que non seulement le Drapier s'en
depart, mais à son partement svpplie Guillemette de l'excuser, se
faisant accroire que ç'avoit esté quelque Diable transformé en
homme qui auoit enleué son drap. Et deslors tourna toute sa co-
lere contre son berger Aignelet, qu'il auoit faict adiourner, afin
de luy rendre la valeur de quelques bestes à laine par luy tuees,
faignant qu'elles estoient mortes de la clauellee. Ne se promettant
rien moins que de luy faire seruir d'exemple en Justice. Le iour
de l'assignation, Aignelet se presente à son Maistre, et auec vne
harangue digne d'vn Berger, luy racompte comme il auoit esté à
sa requeste, le priant de le vouloir licentier, et renuoyer en sa
maison. A quoy son Maistre ne voulant entendre, il se resoult de
prendre Patelin pour son conseil. Lequel après auoir entendu
tout le faict où il n'y auoit que tenir pour luy, est d'aduis, que
comme s'il fust insensé, quand il seroit deuant le Juge, il ne res-
pondist qu'vn *Bee* à tout ce qui luy seroit demandé, qui estoit le
vray langage de ses moutons. Et que ioüant ainsi son personnage,
Patelin luy seruiroit de truchement, pour suppleer le deffaut de
sa parole. Le Berger meschant, comme est ordinairement telle
engeance de gens, trouue cet expedient très-bon et qu'il n'y fau-
dra[1] d'vn seul point. Sur cela Patelin stipule vne et deux fois
d'estre bien payé de luy au retour des plaids, quand il auroit gaigné sa cause : et le Berger aussi luy respond vne fois et deux
qu'il le payeroit à son mot[2], comme il fit. La cause est audian-
cee : Là se trouuent les deux parties, et mesmement Patelin qui
tenoit sa teste appuyée sur ses deux coudes, pour n'estre si tost
apperceu du Drapier. Lequel auparauant que de l'auoir enuisagé,
propose articulement sa demande, mais soudain qu'il eut ietté
l'œil sur luy, il perdit esprit et contenance tout ensemble, mès-
lant par ses discours, son drap auecques ses moutons. Et Dieu
sçait comme Patelin en sceut faire son profit pour monstrer qu'il
auoit le cerueau troublé. D'vn autre costé le Berger n'ayant autre
mot dans la bouche qu'vn *Bee*, Monsieur le Juge se trouue bien
empesché. Mesmement qu'il n'estoit question que de moutons en
la cause, neantmoins le Drapier y entremesloit son drap, *et luy
enioint de reuenir à ses moutons.* En fin voyant qu'il n'y auoit

[1] Lex.
[2] Lex.

rime ny raison, d'vne part et d'autre, il renuoye le deffendeur absous des fins et conclusions contre luy prises par le demandeur. Il est maintenant question de contenter Patelin, qui commence de gouuerner le Berger. Luy applaudit et congratule du bon succez de sa cause, qu'il ne restoit plus que de le payer, le somme et interpelle de luy tenir parole : mais à toutes ses sommations, le Berger le paye seulement d'vn *Bee*. Et à vray dire, il luy tint en cecy sa promesse. Car il auoit promis de payer Patelin à son mot, qui estoit celui de *Bee*. Ce grand personnage se voyant ainsi escorné par son client, vient des prières aux menaces : mais pour cela il n'aduance de rien son faict, n'estant payé en autre monnoye que d'vn *Bee*.

> Que Bee (dit Patelin) l'on me puisse pendre,
> Si ie ne feray venir
> Vn Sergent, mesauenir
> Luy puisse s'il ne t'emprisonne.

A quoy le Berger luy respond :

> S'il me trouve ie luy pardonne.

Et en ce vers est la closture de la farce : dont on peut dire pour fin de compte qu'à trompeur, trompeur et demy.

BRANTOME.

1527 — 1612.

Jean-Jacques Trivulce.

Le seigneur Jean-Jacques Trivulce fut un grand capitaine italien, toutesfois très bon François, et qui fit de très grandes monstres d'armes pour le service de la France, mais pourtant mal reconnu du Roy François premier, qui ayant conceu quelque leger soubçon contre luy, par la suscitation de Monsieur de Lautrec qui luy porta de l'envie et le desfavorisa fort de ses bonnes graces ; de telle façon que le dit Roy estant un jour à Chartres, et par un matin retournant de la messe, s'estant fait porter le dit Jean-Jacques dans une chaire (parce qu'il estoit fort boiteux, gouteux, et âgé de quatre-vingts ans, comme aussi fort cassé des grandes courvées de guerre qu'il avoit fait et souffert en sa vie) ainsi que le Roy vint à passer sans faire semblant de l'avoir veu, le dit Jean-Jacques s'escriant, luy dit: Sire, ah Sire, au moins un mot d'audience ! Le Roy tournant la teste de l'autre costé, ne le voulut ouïr : dont ce bon homme conceut un si grand despit, que de là il s'alla jetter dans le lit, et n'en releva jamais jusques à ce qu'il fut mort. Et comme durant sa maladie on en dit la cause au Roy, touché en sa conscience, il l'envoya visiter : mais pour toute response il dit: Helas il n'est plus temps ; le desdain duquel il a usé envers moy, et mon despit, ont dejà fait leur opesration en moy ; je suis mort. Le Roy en fut puis après fort marry, et s'excusa fort de ne l'avoir bien reconnu en ses services notables qu'il avoit fait aux Roys Charles VIII, Louis XII et à luy mesme. Monsieur de Lautrec fut cause de sa desfaveur, comme j'ay dit, par le moyen de Madame de Chasteau-Briand, sa sœur, que le roy aymoit. Aussi quelque temps après, Dieu permit qu'il eust sa venuë, après qu'il eut perdu l'Estat de Milan ; et tout ainsi que le Roy ne fit cas du dit Jean-Jacques, et le desdaigna tant de ne vouloir parler à luy, de mesme le roy en usa envers M. de Lautrec ; car voulant faire ses excuses de la perte de Milan, sa Majesté ne le voulut voir ny ouïr que par seconde personne au commencement, et puis après il parla à lui tellement quellement. Ainsi ces deux personnes furent traitées de mesme façon, selon la volonté de Dieu : mais à l'un le despit luy transperça le cœur, dont il mourut ; et l'autre le traisna quelque temps après, non sans en porter longuement le despit et le desdain en l'ame ; car ces deux sujets sont deux maux certes incurables à un homme genereux.

Ce brave Capitaine donc, le Seigneur Jacques, mourut ainsi ; on dit de luy que lorsqu'il voulut mourir, il avait ouï dire à quelques Philosophes, que les Diables haïssoient fort les espées, et en avoient grande frayeur, et s'enfuyoient quand ils les voyoient blanches en l'air et flamboyer. Tel fut l'advis de la Sibille quand elle mena Eneas aux enfers, et qu'elle le vit à l'entrée de la porte avoir peur de Messieurs les Diables. Non, non, dit-elle n'ayes point de peur, tire seulement ton espée, *vaginaque crepe ferrum*. Aussi ledit Seigneur Jean-Jacques, fondé sur telle opinion, lors qu'il voulut mourir il se fit mettre son espée sur le lit toute nuë auprès de luy, et tant qu'il put il la tint au lieu de la croix, laquelle luy servoit d'autant; et aussi afin que cependant qu'elle renvoyeroit les Diables, luy voyans ainsi en la main, et ayans peur, ils ne s'approchassent de luy pour luy enlever et emporter son ame avec eux; et par ainsi que ne s'osans approcher de luy, elle eust loisir de s'eschapper et passer par la porte de derrière, et s'envoler viste en Paradis. L'invention et la ruse n'en eust pas esté mauvaise, s'il eust pu tromper de cette façon Messieurs les Diables, qui se meslent de tromper les pauvres humains. Voilà donc ce grand Capitaine mort, ayant ordonné que son corps fust porté à ensevelir à Milan; ce qui fut fait: et fort honorablement sur sa sepulture fut mis: *Hic quiescit qui nunquam quievit.* Icy repose celui qui ne reposa jamais. Monsieur de Montluc après sa mort, et sur son exemple, a pris cette devise, ainsi que l'on voit dans son livre.

L'occasion principale qui esmeut le Roy à disgracier le dit Jean-Jacques, fut qu'il s'estoit fait recevoir Bourgeois des Cantons des Suisses. Que pouvoit-il moins faire, qu'[1] ayant perdu la bonne grace et l'appuy de la France? Il falloit qu'il en cherchast ailleurs. Mais le Roy le connoissant homme prompt, remuant, et de peu de repos, il craignoit qu'il ne fist quelque mauvais remuement avec ses gens prompts et legers, de ce temps là, contre luy et sa Duché de Milan, voire au cœur de la France. S'il se doutoit de cela il avoit occasion de se defier de luy.

Le Roy Louis XII n'en eut pas telle defiance, quand il luy donna le gouvernement absolu de sa dite Duché. Et quand on luy remonstra qu'il faisoit une faute de donner une telle charge à un homme estranger, et qui estoit de la patrie mesme, sur une nouvelle conqueste; il respondit qu'il se sentoit si asseuré de sa fidelité et preud'hommie qu'il avoit desjà si bien manifestée au Roy Charles VIII qu'il croyoit fort bien qu'il ne luy feroit pas des faux bonds: et quand bien il l'entreprendroit, il se tenoit assez courageux et puissant pour luy rompre la teste, et au Duc de Milan, s'il se conferoit avec luy. Davantage, le naturel de ce Roy estoit fort enclin à l'aimer, et il avoit grand credit auprès de

---

[1] L'emploi de ce *que* ne peut guère se justifier.

Sa Majesté, jusques là que le Roy le fit son Compere, ayant tenu
sur les fonts sa seconde fille, Madame Renée de France, depuis
Duchesse de Ferrare ; ce qui luy fut un tel honneur, qu'un des
plus grands Princes de la Chrestienté s'en fust fort contenté et
fort glorifié. Voilà enfin ce grand Capitaine, après plusieurs beaux
exploits faits de sa main et de sa cervelle, mort en l'âge de quatre-vingts ans.

Philippe II, roi d'Espagne.

Après avoir parlé du pere, qui est l'empereur Charles V, il faut
parler à présent du fils, qui est ce grand Roy d'Espagne Dom Philippe, Roy tres-catholique ; lequel encore qu'il n'aye mis le pied
tant de fois à l'estrier et paru à la campagne, ny monté sur mer
comme l'Empereur Charles son père, si est-il un grand Roy et un
grand Capitaine : puisque plusieurs Roys et Capitaines ont esté autant louës et estimez, d'avoir fait de belles conquestes, et mené
de grandes guerres, aussi bien assis en la chaire de leurs Conseils,
comme en leurs selles d'armes. Sans m'amuser à l'allegation de
plusieurs exemples, je n'allegue que celuy de nostre Roy Charles
cinquiesme, lequel eut le surnom de Sage, et duquel le Roy d'Angleterre se plaignoit, qu'il luy faisoit une guerre si importune
sans bouger de son cabinet.

Quand un grand Roy ou grand Prince a passé les premiers feux
de sa jeunesse à la guerre, ce n'est pas le meilleur ny pour luy,
ny pour tous ceux de son Royaume, qu'il fasse tousjours la guerre
en personne : les raisons là-dessus s'y peuvent apporter belles :
et aussi que c'est trop se faire esclave de Mars, et non pair et com-
pagnon à luy. Davantage il y a difference, et y en doit avoir, entre
les Roy et nous autres Gentilshommes, qui vivons de la guerre !

Au surplus, quand un Roy fait tant du hazardeux et du Cheval
leger, il n'est pas possible qu'il ne luy arrive une fois en sa vie
quelque faute, ou disgrace de fuite, ou d'autre erreur, de laquelle
s'il est une fois taché tant soit peu, il ne s'en peut jamais bien la-
ver. En tels mots, quand on dit, il a fallu que le Roy se retire plus
viste que le pas, ou bien il est fuy à bon escient, quand ce ne seroit que cent pas, il ne s'en sçauroit jamais nettoyer, sonnant ce
mot si mal à la bouche. Voilà pourquoy les Roys doivent mesna-

ger leurs hazards et leurs vies, à la mode que font aucuns avares leurs tresors, lesquels ils espargnent en choses petites et basses, et les despendent en choses nobles et de consequence, quand il en est question. De mesmes les Roys doivent faire de leurs vies, ne les adventurer à toutes heures et occasions legeres, mais à d'autres belles et très-grandes : afin que si le malheur veut qu'ils y meurent, on dise d'eux qu'ils sont morts en une belle bataille, ou en une honorable rencontre, ou en un signalé combat, bravement et vaillamment, les armes au poing, toutes teintes de sang, comme plusieurs grands Empereurs et Roys ont fait, dont le nombre est infiny.

S'il faut qu'ils se retirent, que ce soit en valeureuse et honorable relique de bataille, comme fit ce brave Philippes de Valois après la bataille de Crecy : qui après avoir combattu tout ce qui se pouvoit, jusques à la soirée, fut obligé par les tenebres de se retirer au giste en un Chasteau et une petite Ville, où le Gouverneur luy ayant demandé son nom de la muraille, il respondit que c'estoit la fortune restée de la bataille perdue. S'il faut qu'ils soyent pris, que ce soit à la mode du Roy Jean devant Poitiers, et du Roy François devant Pavie, les quels plus tost que fuir avec plusieurs autres, furent pris, n'en pouvant plus, et tout las du combat : ou bien du tout sortir bravement victorieux, ainsi que fit nostre grand Roy Henry IV à la bataille de Coutras et à celle d'Yvry : et comme avant luy avoient fait ses deux illustres predecesseurs, les Roys Charles VIII et Louis XII aux batailles de Fornoüe et d'Agnadet.

Ainsi les Roys qui sont esclairez de toutes parts, doivent mesnager leurs vies et leurs honneurs ; car ils sont tant veus, que s'ils bronchent tant soit peu, ils sont remarquez de tous costez. Si ne sçauroit-on reprocher au Roy d'Espagne, qu'il n'aye grandement aymé la guerre de son vray naturel : car dès lors que l'Empereur son pere luy eut mis tout son Estat entre ses mains, il nous alla de premier coup dresser de grosses armées, et nous les jetta si bien sur les bras, qu'il nous fit donner la bataille de Saint-Quentin, qu'il gagna sur nous, avec grosse perte de beaucoup de gens de bien et Seigneurs. Au partir de là il alla en personne assieger la ville de Saint-Quentin, la battre furieusement, et la prendre d'assaut, gardée aussi-bien de feu Monsieur l'Admiral de Chastillon, que place de ce temps-là, qui ait esté prise. Et puis il prit Ham et le Chastelet, et s'en contentant, il ne voulut passer plus outre ny venir à Paris, comme beaucoup le presumoient et en avoient la crainte.

AMYOT.

1513—1593.

Ambition et intelligence de Thémistocle.

Themistocle estoit le plus ambitieux homme du monde : car dès qu'il estoit encore jeune et peu cognu, il pria à grande instance un excellent joueur de cithre, qui pour lors avoit le bruit à Athenes, nommé *Epicles*, natif de Hermionne, qu'il vinst exercer et monstrer son art en sa maison, à fin que beaucoup de gens qui auroient envie de l'ouïr, demandassent son logis, et vinsent chez luy. Mais estant une année allé à la feste et assemblée des jeux olympiques, il y voulut tenir maison ouverte à tous venans, avoir des tentes richement parées, et toute autre magnificence de train et d'equippage, à l'envy de Cimon. Cela despleut aux Grecs, lesquelz estimerent que ceste despense estoit chose bien seante, et qui se devoit permettre à Cimon, à cause qu'il estoit jeune et de grande maison : mais à luy qui estoit homme neuf, et qui sembloit faire le grand plus que ses biens et ses facultez ne portoient, et plus qu'il ne luy appartenoit, cela non seulement ne fut point loué, ains fut estimé vaine gloire et presumption. Une autre fois il feit les frais d'une tragédie qui fut jouée publiquement, et en ayant gaigné le prix, estant desja l'honneur de vaincre en telz jeux fort envié et chaudement poursuivy à Athenes, il feit peindre ceste sienne victoire en un tableau, qu'il dedia et feit attacher en un temple avec une telle inscription : « Themistocles Phrearien faisoit les frais, Phrynicus l'avoit composée, Adimantus estoit prevost. »

Ce neantmoins il estoit aggreable au commun peuple, en partie, pour ce qu'il saluoit chasque citoyen par son propre nom, sans que personne luy aidast à les nommer, et en partie aussi, pour ce qu'il se monstroit juge droitturier ès affaires des particuliers, comme il respondit un jour au poëte Simonides natif de Chio, qui le requerroit de quelque chose, laquelle n'estoit pas raisonnable, lorsqu'il estoit gouverneur de la ville : « Tu ne serois pas bon poëte, si tu chantois contre les regles de la musique ; ny moy bon Gouverneur de ville, si je faisois aucune chose contre les loix civiles. » Une autre fois, se moquant du mesme Simonides, il luy dit, « qu'il n'avoit point d'entendement de mesdire des Corinthiens, veu qu'ilz estoient seigneurs d'une si grosse et si puissante cité, et de se faire portraire au vif, attendu qu'il estoit si laid. »

Mais estant venu en credit, et ayant acquis la bonne grace du commun peuple, il embrouilla tellement Aristides, qu'à la fin il le feit chasser et bannir de la ville d'Athenes pour cinq ans [1]. Et comme ja le roy de Perse fust en chemin pour venir faire la guerre aux Grecs, et les Atheniens commenceassent à deliberer qu'ilz eliroient pour capitaine, lon dit que tous les autres qui avoient accoustumé de s'entremetre des affaires, craignans le danger se tirerent lors en arriere, et qu'il n'y eut qu'un orateur nommez *Epicydes* filz de Euphemides, homme eloquent, mais lasche de cueur et subject à l'argent, qui se presentast à demander ceste charge, et y avoit apparence qu'il l'obtiendroit. Par quoy Themistocles ayant peur que tout ne se perdist, si la conduite de ceste guerre venoit à tumber entre les mains d'un tel pesonnage, achepta à deniers comptans, l'ambition d'Epicydes, pour le faire deporter de la poursuite.

On loue aussi grandement ce qu'il feit, touchant le truchement qui vint avec les ambassadeurs du roy, pour demander l'eau et la terre, c'est-à-dire, entiere recognoissance et obeïssance, aux Grecs : car il le feit saisir au corps et punir de mort, par decret public, pour avoir ozé employer la langue grecque aux commandemens des Barbares. Ce fut aussi une belle chose, qu'à son instance Arthmius natif de Zelée, fut noté d'infamie luy, ses enfans et toute sa postérité, à cause qu'il avoit apporté de l'or du roy de Perse, pour en gaigner et corrompre des hommes en la Grèce : mais le plus grand et le plus louable acte qu'il feit en cest en-

---

[1] C'est une faute d'Amyot. Le ban d'ostracisme était de dix ans. Voyez Amyot lui-même dans la vie d'Aristide, chap. XVII.

droit, fut, qu'il appaisa et pacifia toutes les guerres que les Grecs avoient entre eulx, persuadant aux villes, de remettre leurs inimitiez jusques après la guerre, en quoy l'on dit que Chileus Arcadien luy aida plus que nul autre.

Les Athéniens en mer. Combat de Salamine.

Estant venue la nouvelle de ce qui avoit esté fait au pas des Thermopyles, comme le roy Leonidas y estoit mort, et comme Xerxes avoit gaigné celle entrée de la Grece par terre, adonc se retira l'armée de mer plus au dedans de la Grece, estant les Atheniens en cette retraitte rengez à la queuë tous les derniers, comme ceulx qui avoient le cueur elevé pour la gloire des vaillances qu'ilz avoient desjà faittes. Et Themistocles passant au long des lieux, où il falloit necessairement que les ennemis abordassent et se retirassent à l'abry, engrava en grandes et grosses lettres sur des pierres, qu'il trouvoit par cas d'adventure [1], ou qu'il faisoit expressement apporter aux endroits, où il y avoit bon abry pour les vaisseaux, ou commodité de prendre eau, des paroles addressantes [2] aux Ioniens, par lesquelles il leur remonstroit qu'ilz se devoient tourner devers eulx, qui estoient leurs ancestres et fondateurs, et qui combatoient pour leur propre liberté, ou à tout le moins mettre quelque trouble, et faire du pis qu'ilz pourroient en l'armée des Barbares, quand on viendroit à combattre, car il esperoit que cela feroit tourner les Ioniens de leur costé, ou pour le moins mettroit les Barbares en quelques defiances d'eulx.

Au reste Xerxes estant entré par le hault de la province Dorique dedans le païs de la Phocide, bruslant et destruisant les villes des Phociens, les autres Grecs ne feirent aucun devoir de les aller secourir, combien que les Atheniens le requissent de vouloir aller au devant des Barbares, jusques à la coste d'Artemisium : mais personne ne leur prestoit l'oreille, ains vouloient tous que lon se retirast au Peloponese, et que l'on assamblast toutes les forces de la Grece au dedans de l'encoleure d'iceluy, en la fortifiant d'une

[1] Lex.
[2] Gr. § 91.

bonne muraille qui prist depuis une mer jusques à l'autre : de quoy les Atheniens furent bien mal contens, et aussi fort descouragez et desplaisans de se voir ainsi laissez et abandonnez par les autres Grecs : car de combatre tous seulz contre tant de milliers d'ennemis, il n'y fallait pas penser, et ne leur restoit plus d'autre expedient, que de quitter leur ville et s'embarquer sur leurs vaisseaux : ce que le peuple entendoit fort mal voluntiers, faisaut son compte qu'il ne se falloit plus soucier, ny de vaincre, ny de se sauver, quand ilz auroient abondonné les temples de leurs dieux, et les sepultures de leurs parents.

Par quoy Themistocles voyant qu'il ne pouvoit par raisons ny suasions humaines conduire le peuple à son opinion, dressa une fainte comme lon fait quelquefois ès jeux des tragedies, et commencea à batre les Atheniens de signes celestes, d'oracles et de responses des dieux : car il se servit pour signe et presage celeste de l'occasion du dragon de Minerve, qui de bonne adventure environ ces jours là ne comparut point, comme il avoit accoustumé, au temple, et trouvoient les prebstres les oblations que lon luy portoit par chascun jour toutes entieres, sans que lon y eust aucunement touché. Au moyen de quoy ayans esté embouchez par Themistocles, ilz semerent un bruit parmy le peuple que la deesse tutrice de la ville l'avoit abandonnée, en leur monstrant le chemin de la mer : et d'un austre costé il les gaigna aussi par le moyen de la prophetie, qui leur commandoit de se sauver en des murailles de bois, disant que les murailles de bois ne signifioient autre chose que les navires : et que pour ceste cause Apollo en son oracle appeloit *Salamine divine*, non point miserable ny malheureuse, pour ce qu'elle devoit donner le nom à une très heureuse victoire que les Grecs y devoient gaigner. Ainsi ayant son advis esté receu, il meit en avant ce decret, que lon deposast la ville d'Athenes en la sauvegarde de Pallas, qui estoit dame et tutrice du païs, et que tous ceulx qui estoient en aage de porter armes montassent sur les galeres : au demourant, que chascun advisast de retirer quelque part en lieu de seureté sa femme, ses enfants et ses esclaves, le mieulx qu'il pourroit.

Ce decret ayant esté passé et authorité par le peuple, la pluspart transporta ses peres et meres vieux, les femmes et les petits enfans en la ville de Troezene, où les Troezeniens les receurent

fort honestement et humainement : car ilz ordonnerent qu'ilz seroient nourris aux despens du public, en leur donnant deux
oboles[1] de leur monnoie par chascun jour, qui sont environ quatorze deniers pour teste, et permettant aux jeunes enfans de
prendre des fruicts partout où ilz en trouveroient : et d'avantage
entretenant des maistres d'escole aux despens de leur chose publique pour leur enseigner les lettres.

Quand ce vint au departir, que toute la ville d'Athenes fut montée
en mer, cela faisoit d'un costé pitié à veoir, et d'un autre costé apportoit grandes bahissement à ceulx, qui consideroient la hardiesse
et le bon cueur de ces hommes-là, qui envoyoient devant leurs peres
et meres ailleurs, et eulx sans fleschir pour les larmes, cris et embras-
sements de leurs femmes et enfans au departir, passoient courageu-
sement en l'isle de Salamine : Mais oultre cela, il y avoit beaucoup
de vieux citoyens que lon estoit contrainct de laisser là, pour ce que
lon ne les pouvoit transporter à cause de leur vieillesse, ce qui faisoit grande compassion : et si y avoit ne sçay quoy de pitoyable qui
attendrissoit les cueurs, quand on voyoit les bestes domestiques et
privées, qui couroient çà et là avec hurlemens et siguifiance de
regret après leurs maistres et ceulx qui les avoient nourries, ainsi
comme ilz s'embarquoient : entre lesquelles bestes on compte du
chien de Xantippus pere de Pericles, que ne pouvant supporter le
regret d'estre laissé de son maistre, il se jetta dedans la mer après
luy, et nageant au long de la galere où il estoit, passa jusques en l'isle
de Salamine, là où si tost qu'il fust arrivé, l'aleine luy faillit, et
mourut soudainement. Lon dit que le lieu que l'on appelle encore
aujourd'huy *la sepulture du chien*, est l'endroit où il fut enterré.

Ce sont aussi grands actes de Themistocles, que voyant les
Atheniens regretter l'absence d'Aristides, et craindre que par un
despit il ne se tournast du costé des Barbares, et en ce faisant ne
fust cause de ruiner les affaires de la Grece, pour ce qu'il avoit
esté par les menées de Themistocles avant la guerre banny pour
cinq ans[2], il meit en avant un decret que tous ceulx qui auroient
esté bannis à temps, peussent retourner pour faire, dire et conseiller avec leurs concitoyens, ce qu'ilz estimeroient estre le meil-

[1] Environ 27 centimes.

[2] C'est une faute d'Amyot, comme on l'a déjà marqué. Le ban d'ostracisme
était de dix ans.

leur pour le salut de la Grece. Et estant Eurybiades capitaine general de toute l'armée de mer des Grecs pour la dignité de la ville de Sparte, mais au demourant homme à qui le cueur failloit au besoing, voulant à toute force partir de là, et se retirer dedans le gouffre[1] du Peloponeze, là où toute l'armée de terre des Peloponesiens estoit assemblée, Themistocles y contredit et resista fort et ferme : et fut lors qu'il fait certaines responses notables, qui ont bien esté recueillies et notées depuis. Car comme Eurybiades luy dist un jour, « Themistocles, ès jeux de prix ceulx qui se levent avant qu'il en soit temps, sont souffletez : » — « Il est vray, luy respondit Themistocles : mais aussi ceulx qui demeurent les derniers, ne sont jamais couronnez. » Une autre fois Eurybiades haussa le baston qu'il tenoit en sa main, comme s'il l'en eust voulu frapper : et il luy dit : « Frappe si tu veux, pourveu que tu escoutes : » Eurybiades adonc s'esmerveillant de veoir en luy une si grande facilité, et si grande patience, luy permeit de dire tout ce qu'il voulut : et ja commençoit Themistocles à le ramener à la raison, mais il se trouva là quelcun qui luy dit : « Il siet mal à un homme qui n'a plus de ville ny de maison, de prescher ceulx qui en ont, de les abandonner. » Themistocles tournant sa parole à luy, repliqua : « Nous avons, dit-il, lasche et meschant homme que tu es, voluntairement abandonné des maisons et des murailles, ne voulans pas nous soubmettre au joug de servitude pour crainte de perdre des choses qui n'ont point d'ame ny de vie : et neantmoins nostre ville ne laisse pas d'estre la plus grande de toute la Grece, car c'est une flotte de deux cents galeres toùtes prestes à combatre, qui sont ici venues pour vous sauver si vous voulez : mais si vous vous en allez, en nous abandonnant pour la deuxieme fois, vous orrez[2] dire, avant qu'il passe beaucoup de temps, que les Atheniens auront une autre ville franche, et possederont autant de terres et d'aussi bonnes comme celles qu'ilz auront icy perdues. » Ces paroles feirent incontinent penser à Eurybiades et craindre que les Atheniens ne s'en voulussent aller, et les abandonner.

Quand la flotte des vaisseaux ennemis fut arrivée en la coste de l'Attique à l'endroit du port Phalerique, où elle couvroit tous les

[1] Vers l'isthme.
[2] Gr. § 26.

rivages d'alenviron, tant que la veuë se pouvoit estendre, et que le roy Xerces luy mesmes en personne avec son armée de terre se fut aussi venu camper le long de là marine, de sorte que l'on voyait toute sa puissance, tant de mer, que de terre ensemble : Alors toutes les belles raisons et remonstrances de Themistocles s'escoulerent hors de la memoire des Grecs, et regarderent de rechef les Peloponesiens, comme ilz se pourroient retirer au gouffre du Peloponese, en se courouceant quand on leur cuidoit parler d'autre chose. Brief, il fut arresté que l'on feroit voile la nuict ensuivant, et commandé aux pilotes qu'ilz teinsent leur cas tout prest pour partir.

Quoy voyant Themistocles, et estant fort marri que les Grecs s'escartassent ainsi les uns des autres, en se retirant chascun en sa ville, et abandonnant l'avantage que leur donnoit la nature du lieu, et le destroit du bras de mer, où ilz se trouvoient ensemble, pensa en soy mesme comment il y pourroit remedier : si s'advisa de la menée d'un Sicinnus, lequel estoit Persien de nature, et ayant esté autrefois pris à la guerre aimoit Themistocles, de maniere qu'il estoit gouverneur de ses enfans. Il l'envoya secrettement devers le roy de Perse, luy donner à entendre, que Themistocles capitaine general des Atheniens, ayant bonne envie de devenir son serviteur, l'advertissoit de bonne heure, que les Grecs s'en vouloient fouir, et luy conseilloit de ne les laisser point eschapper, ains les faire charger à bon escient, pendant qu'ilz estoient en trouble et en effroy, esloignez de leur armée de terre, à fin de desfaire à un coup toute leur puissance de mer.

Xerxes estimant que cest advertissement vinst d'homme qui desirast la prosperité de ses affaires, le receut à grande joye, et incontinent feit sçavoir à ses capitaines de marine, qu'ilz embarquassent leurs gens sur leurs autres vaisseaux tout à loisir : mais que promptement ilz en depeschassent deux cents pour aller par derriere clore l'issue du destroit, et enceindre les isles tout à l'environ, à fin qu'il ne se sauvast pas un tout seul des ennemis, ce qui fut faict. Et adonc Aristides filz de Lysimachus, s'en estant apperceu le premier, s'en alla au logis de Themistocles, encore qu'il luy fut ennemy[1], à cause que par ses menées il avoit esté banny

[1] Gr. § 54.

pour cinq ans, comme nous avons dit paravant : et l'ayant fait sortir dehors, luy compta comment ilz estoient environnez. Themistocles qui d'ailleurs cognoissoit assez la bonté du personnage, et estoit bien aise de ce que lors il l'estoit venu trouver jusques dedans sa tente, luy declara la menée qu'il avoit ourdie par l'entremise de Sicinnus, le priant de luy aider à retenir les Grecs, et à procurer avec luy, attendu que sa parole estoit de plus grande authorité envers eulx, que l'on combatist dedans le detroit de Salamine. Aristides louant son bon sens, alla devers les autres capitaines des galeres les prescher et inviter à vouloir combatre : toutefois encore ne croyoit on point du tout ce qu'il disoit, jusques à ce qu'il arriva une galere Tenedienne, dont estoit capitaine un nomme Panetius, s'estant desrobée de l'ost des Barbares, laquelle apporta certaines nouvelles, comme le destroit asseureement estoit fermé, tellement que oultre la necessité, le despit, encore que les Grecs en conceurent, les invita à vouloir essayer le hasard de la bataille.

Le lendemain au poinct du jour le roi Xerxes s'asseit en un lieu hault elevé, dont il voyoit la flotte de ses vaisseaux, et l'ordonnance de son armée navale, au-dessus de la poincte que l'on appelle vulgairement les *Cornes,* où il feit dresser un throne d'or, et avoit autour de soy plusieurs secretaires, pour rediger par escript tout ce qui se feroit en la bataille.

Quant au nombre des vaisseaux barbaresques le roy Xerxes avoit en somme toute mille vaisseaux. Les Atheniens en avoient cent quatre-vingts, sur chascune desquelles (*sic*) y avoit dix-huit hommes de guerre, dont les quatre estoient archers [1], et tous les autres armez à blanc [2].

Si ne fut pas Themistocles moins sage et bien advisé à choisir le temps que le lieu pour combattre : car il attendit à renger ses vaisseaux en bataille jusques à ce que l'heure fut venue, qu'il avoit accoustumé de se lever ordinairement un grand vent du costé de la mer, qui emouvoit de grosses vagues dedans le canal. Ce vent là ne faisoit point de desplaisir aux galeres grecques, pour ce qu'elles estoient trappes et basses : mais aux navires barba-

[1] Qui lançaient des flèches.
[2] L'épée, la lance, la cuirasse.

resques, qui avoient les prouës relevées, et les planchez haults, et qui estaient pesantes et lourdes à manier, il portoit grand dommage, pour ce qu'il leur faisoit à tous coups monstrer les flancs aux Grecs, qui les alloient incontinent investir et heurter legerement, ayant tousjours l'œil à veoir ce que Themistocles leur ordonneroit, comme celui qui entendoit mieulx que nul autre ce qui estoit à faire : et aussi qu'à l'endroit de luy l'admiral de Xerxes, Ariamenes, homme vaillant de sa personne, et entre les freres du roy de beaucoup le meilleur, et le plus juste, estant dessus une grosse navire, combatoit à coups de traict et de gect, ne plus ne moins que s'il eust été dessus les murailles de quelque chasteau. Si s'addressa à la galere sur laquelle combatoient ensemble Aminias Decelien, et Sosicles Pediien : et comme les deux vaisseaux se fussent entrechoquez l'un l'autre de front, et accrochez avec des crampons et crochets d'airain, il saulta dedans leur galere : mais eulx le soustindrent hardiment, et à coups de javeline le renverserent en la mer : le corps duquel la royne Artemisia recogneut flottant entre les autres naufrages, et l'ayant recueilly le porta au roy Xerxes.

Or ce pendant que la bataille estoit en telz termes, on dit qu'il s'apparut [1] en l'air devers la ville d'Eleusine une grande flamme, et que l'on ouit une haute voix et grande clameur par toute la plaine Thriasienne jusques à la mer, comme s'il y eust un grand nombre d'hommes qui ensemble eussent à haulte voix chanté le sacré cantique de Iacchus, et sembloit que de la multitude de ceulx qui chantoient il se levast petit à petit une nuée en l'air, laquelle partant de la terre, venoit à fondre et tumber sur les galeres en la mer. Les autres affermoient avoir veu des figures et images d'hommes armez, qui de l'isle d'Aegine tendoient les mains au devant des galeres grecques : et pensoit lon que ce fussent les Aeacides, desquelz à publiques prieres on avoit invoqué l'aide avant la bataille.

Le premier donques qui prit aucun vaisseau des ennemis, fut Lycomedes Athenien capitaine d'une galere, lequel luy ostant les paremens et enseignes, le consacra et dedia à Apollo surnommé *Portant laurier*, c'est-à-dire, victorieux. Les autres Grecs estans

[1] Gr. § 67.

de front egaulx en nombre aux Barbares à cause du bras de mer
où ilz ne pouvoient venir au combat, que à la file, et où ilz s'en-
treheurtoient et s'entr'empeschoient les uns les autres pour leur
grande multitude, à la fin les presserent tant, qu'ilz les contrai-
gnirent de se tourner en fuitte sur le soir, après avoir soustenu et
combatu jusques à la nuict : et ainsi gaignerent celle tant renommée et tant glorieuse victoire [1], de laquelle se peult veritablement
affermer ce qu'en dit Simonides, que

> Jamais nation barbare
> Ne grecque ne feit en mer
> Exploit de guerre si rare
> Ne si digne de nommer.

et ce, par la prouesse et le bon courage de tous ceulx qui y combattirent : mais particulierement par le bon sens et la sage conduite de Themistocles.

Les Gaulois à Rome.

Les Gaulois estoient, comme lon dit, de la nation celtique, lesquelz n'estant pas leur païs suffisans pour soustenir et nourrir
leur multitude, en estoient sortis pour aller chercher autres terres
à habiter : et y avoit entre eulx plusieurs milliers de jeunes hommes
de service et de bons combatans, mais encore plus de femmes et
de petits enfants. Et d'iceulx les uns se jettant du costé de l'Ocean
septentrional passerent les monts Riphées [2], et occuperent les ex-
tremes parties de l'Europe : les autres s'arresterent entre les monts
Pirenées et les grands monts des Alpes près des Senonois et des
Celtoriens, où ilz demourerent long temps, jusques à ce qu'à la fin
il leur advint de goutter du vin qui premier leur fut apporté d'I-
talie, dont ilz trouverent le breuvage si bon, et furent si transpor-
tez du desir et de la volupté d'en boire, que soudainement ilz
chargerent leurs armes, et emmenerent femmes et enfans, prenans leur chemin vers les Alpes, pour aller chercher le païs qui
produisoit un tel fruict, estimans toute autre terre sterile et sau-
vrage.

[1] La victoire de Salamine, l'an 480 avant Jésus-Christ.
[2] Ils séparent la Russie de la Sibérie.

Les Gaulois conquirent d'arrivée toute cette contrée qui estoit anciennement tenue par les Thoscans commenceant au pied des monts, et s'estendant jusques à l'une et à l'autre mer qui environne l'Italie, ainsi que les noms mesmes le tesmoignent : car on appelle encore celle mer qui regarde le Septentrion, la mer Adriatique, à cause d'une ville jadis fondée par les Thoscans qui s'appelle *Adrie* : et l'autre, qui est vis-à-vis, regardant vers le Midy, se nomme *la mer de Thoscane*.

Toute celle province est bien plantée d'arbres, et a de beaux et bons pasturages pour nourrir du bestail, estant baignée et arrousée de force rivieres : et si avoit ja dès ce temps là dix-huit belles et grandes villes, toutes fort bien assises tant pour enrichir ses habitans par le traffic de marchandise que pour les nourrir opulentement : toutes lesquelles les Gaulois occuperent en ayant dechassé les Thoscans, ce qui avoit esté fait ja longtemps auparavant. Mais pour lors les Gaulois estans entrez plus avant jusques en la Thoscane, tenoient la ville de Clusium assiegée : parquoy les Clusiens recourans à l'aide des Romains, les prierent de vouloir envoyer lettres et ambassadeurs à ces Barbares en leur faveur, et y furent envoyez trois des plus gens de bien et des plus honorables personnages de la ville, tous trois de la maison des Fabiens. Les Gaulois les receurent humainement à cause du nom de Rome, et cessans de batre et assaillir la ville, leur donnerent audience, en laquelle les ambassadeurs Romains leur demanderent, quel tort leur avoient fait les Clusiens, pour lequel ilz leur fussent venus faire la guerre.

Brennus roy des Gaulois, ceste demande ouye se prit à rire, et leur respondit : « Les Clusiens nous tiennent tort en ce, qu'estans peu de gens et ne pouvans pas labourer beaucoup de terres, ilz en veulent neantmoins occuper beaucoup, sans nous en vouloir faire part, à nous qui sommes estrangers hors de nostre païs, et qui en avons besoing. Le mesme tort faisoient anciennement à vous autres Romains ceulx d'Albe, les Fidenates et les Ardeates, et naguere les Veiens, les Capenates et partie des Falisques et des Volsques, contre lesquelz vous avez pris et prenez les armes toutefois et quantes qu'ilz ne vous veulent pas departir de leurs biens, asservez leurs personnes, pillez leurs biens et ruinez leurs villes : en quoy faisant vous ne commettez oultrage ny injustice quel-

conque, ains suivez la plus ancienne loy qui soit en ce monde,
laquelle abandonne tousjours aux plus forts ce qui est aux plus
foibles, commenceant aux dieux, et achevant aux bestes, lesquelles
ont cela de nature, que les plus puissantes veulent tousjours avoir
avantage sur les plus foibles : et pourtant cessez d'avoir pitié de
veoir les Clusiens assiegez, de peur que vous n'enseignez aux Gaulois d'avoir aussi compassion de ceulx que vous oppressez. »

Par ceste response les Romains cogneurent bien qu'il n'y avoit
point de moyen d'appointer avec ce roy Brennus : parquoy ilz
entrerent dans la ville de Clusium, où ilz donnerent courage aux
habitans, et les inviterent à faire une saillie avec eulx sur les Barbares, soit qu'ilz eussent envie d'esprouver la vaillance des Gaulois, ou de monstrer la leur ; si feirent ceulx de la ville une sortie,
et y eut une grosse escarmouche tout joignant les murailles, en
laquelle l'un des Fabiens nommé *Quintus Fabius Ambustus*, estant
monté sur un cheval, le lancea à l'encontre d'un beau et grand
homme Gaulois, qui s'estoit jetté assez loing devant la trouppe des
autres : si ne fut point cogneu du commencement, tant pour ce que
la meslee fut soudaine, comme aussi pour ce que ses armes relui-
santes esblouissoient la veuë des regardans : mais après qu'il eut
desfaict le Gaulois, et qu'il vint à le despouiller, Brennus adonc
le recogneut, et protesta contre luy, appellant les dieux à tes-
moings, comme il avoit violé les loix et les droits des gens, estant
venu comme ambassadeur, et ayant fait acte d'ennemy. Si feit à
l'instant mesme cesser l'escarmouche, et laissant le siege de Clusium, mena son armée droit devant Rome mesme : et à fin que lon
ne pensast point que les Gaulois fussent bien aises du tort qu'on
leur avoit fait, pour avoir couleur honneste de commencer la
guerre aux Romains, il envoya devant un herault demander
celuy qui avoit fait l'offense pour en faire la punition, et cependant marcha après à petites journées.

Le sénat fut assemblé la dessus, où il y eut plusieurs des sena-
teurs qui blasmerent la temerité des Fabiens, et sur tous, les presbtres que lon appelle *Fecialiens*, qui en feirent grande instance,
comme de chose qui touchoit à la religion et à l'honneur des dieux,
remonstrans que le senat pour descharger et absouldre le demourant de la ville du crime de ceste forfaiture, devoit en rejetter
toute la pollution sur celuy qui l'avait commise. Le roy Numa

Pompilius, le plus juste et le plus pacifique de tous les roys des Romains, fut celuy qui institua le college de ces Fecialiens, et ordonna qu'ilz fussent gardes de la paix, et juges pour cognoistre et approuver les causes pour lesquelles on pourroit justement commencer la guerre : toutefois à la fin le senat renvoya la decision de ce faict à la voulunté et au jugement du peuple, devant lequel les presbtres Fecialiens accuserent semblablement Fabius Ambustus : mais le peuple feit si peu de compte de la religion et de l'honneur des dieux en ce cas, qu'au lieu de livrer cestuy Fabius aux ennemis, il l'esleut l'un des tribuns militaires avec ses freres. Ce qu'entendans les Gaulois en furent si mutinez et si courroucez qu'ilz ne voulurent plus aucunement dilayer, ains marcherent en toute diligence devers Rome.

Or les peuples qui estoient sur le chemin par où ilz devoient passer, estans espouvantez de les veoir en si grand nombre et en si bel equippage, et aussi redoubtans la violence de leur courroux, cuydoient que le plat païs deust estre de prinsault par eulx tout destruit, et que les villes mesmes le seroient incontinent après : et au contraire, ilz ne prirent chose quelconque en la campagne, ny ne feirent mal aucun, ne deplaisir à personne : ains en passant au long des villes crioient qu'ilz s'en alloient à Rome, et qu'ilz ne vouloient la guerre qu'aux Romains, et au demourant desiroient d'estre amis de tout le monde.

Estans donques les Barbares acheminez en ceste intention vers Rome, les tribuns militaires tirerent l'armée Romaine aux champs pour les aller combattre, ils n'estoient pas en moindre nombre que les autres Gaulois, car il y avoit jusques au nombre de quarante mille combatans à pied, mais la plus part hommes nouveaux et non aguerriz, qui paravant n'avoient jamais manié armes. Encore y eut il de la nonchalance, et du mespris ès choses appartenantes à la religion des dieux : car ilz ne se soucierent, ny d'avoir les signes des sacrifices heureux, ny d'enquerir des devins, ce que l'on a accoustumé de demander avant une bataille : mais oultre tout cela, la multitude des capitaines egaulx en pouvoir, ruina leurs affaires autant ou plus que nulle autre cause, combien que souventefois auparavant, en beaucoup moindres affaires et moindres dangers, ilz eussent accoustumé d'elire des magistrats uniques, avec puissance souveraine, que lon appelle *dictateurs*, cognoissans très bien de quelle consequence est en temps dangereux, qu'il n'y ait qu'un seul chef qui commande et qui ait toute l'authorité de la justice en sa main, sans qu'il soit tenu de rendre compte de ce qu'il fait.

Le tort aussi qu'ilz avoient ingratement fait à Camillus leur porta lors un tres grand dommage, pour ce que depuis les autres capitaines n'ozerent plus commander roidement au peuple, et ne feirent plus que le flatter. Estans donques sortiz aux champs, ilz se camperent le long d'une petite riviere, qui se nomme *Allia*, environ cinq lieuës et demie loing de la ville, non gueres loing de l'endroict où ladicte riviere entre dedans le Tybre : et là les allerent trouver les Barbares, qui les desfeirent en bataille, par le mauvais ordre qui estoit en leur armée, car la pointe senestre de leur bataille fut incontinent rompue par les Gaulois, qui la presserent par tel effort qu'ilz la poulserent jusques dedans la riviere : mais la pointe droitte s'estant avant que chocquer retirée un peu hors de la plaine sur quelques coustaux prochains, fut moins endommagée, et s'en sauva la plus part qui se retira dedans Rome : mais des autres, ceulx qui peurent eschapper après que les ennemis furent las de tuer, se retirerent la nuict en la ville de Veïes, cuidans que celle de Rome fust perdue, et que tous ceulx qui se seroient trouvez dedans, eussent esté mis à l'espée. Ceste desconfiture fut environ le plus grand jour d'esté, la lune estant au plein, au jour mesme que paravant estoit advenue la grande desfaicte des Fabiens, où il y en eut trois cents tous d'un mesme nom tuez en un jour par les Thoscans. Le jour neantmoins a depuis esté appellé *Alliade* [1] du nom de la petite riviere, au long de laquelle fut ceste seconde desconfiture.

Après ceste desfaitte, si les Gaulois eusent chaudement poursuivy à la trace les fuyans, rien n'eust peu sauver la ville de Rome, qu'elle n'eust esté entierement perdue et destruitte, et tous ceulx qui estoient demourez dedans mis à l'espée : tant ceulx qui

---

[1] Cette malheureuse journée est marquée dans les anciens calendriers romains au 18 de juillet, *Dies Alliensis*. La rivière d'Allia se nomme maintenant *Torrente di Catino*. La bataille se donna l'an de Rome 364. Les trois cents Fabiens avaient péri l'an de Rome 277. Le 19 de juillet il y avait encore une fête nommée *Lucaria*, en mémoire de la retraite que les Romains avaient trouvée dans les bois après leur défaite par les Gaulois. *Bretier et Vauvilliers.*

se sauverent de vistesse apporterent de frayeur à ceulx qui les recueillirent, et tant ils emplirent la ville de trouble, d'effroy et
d'estonnement. Mais les Barbares ne croyans pas leur victoire si
grande comme elle estoit, et s'amusans à faire bonne chere en
une si grande joye, et aussi à departir entre eulx le butin qu'ilz
avoient trouvé dedans le camp de leurs ennemis, donnerent temps
et loisir à la tourbe qui s'en fouit hors la ville, de se retirer à
leur [1] aise en lieu de seureté : et à ceulx qui demeurerent, d'es-
perer encore de se pouvoir sauver, et de se prouveoir et preparer :
car en abandonnant tout le reste de la ville, ilz remparerent et
fortifierent le mont du Capitole et le prouveurent de toutes sortes
d'armes : mais devant toute oeuvre, ilz retirerent partie des choses sainctes et sacrées dedans ledit fort du Capitole : et les vier-
ges religieuses de la deesse Vesta emporterent le sainct feu avec
leurs autres choses sacrées.

Au demourant, les presbtres des autres Dieux et les plus honorables vieillards de la ville, qui autrefois avoient esté consuls, ou
qui avoient obtenu l'honneur du triumphe, n'eurent pas le cueur
d'abandonner Rome, ains se vestans de leurs plus belles robbes
sacrées se devouerent, et par maniere de dire se sacrifierent voluntairement eulx mesmes à la fortune pour le salut de leur païs,
suivans certaines paroles et prieres que Fabius le souverain pon-
tife leur nomma, et s'en allerent ainsi vestus asseoir en la grande
place sur des chaires d'yvoire, attendans ce qu'il plairoit aux dieux
de leur envoyer.

Mais trois jours après arriva Brennus avec son armée, lequel
trouvant les portes de la ville toutes ouvertes, et les murailles
sans gardes, eut peur d'arrivée que ce fust quelque tromperie et
quelque embusche, ne pouvant croire que les Romains fussent si
bas que d'avoir abandonné leur ville : mais après qu'il fut bien
informé de la vérité, il entra dedans par la porte Colline, et prit
Rome peu plus de trois cents soixante ans [2] après sa première
fondation.

Brennus estant entré dedans Rome, ordonna partie de ses gens
pour tenir assiegez ceulx qui estoient dedans le Capitole, et luy
avec le reste descendant à travers la place, s'esmerveilla fort

[1] Gr. § 60.
[2] L'an de Rome 364.

quand il veit ces hommes ainsi assis dedans leurs chaires en gravité sans mot dire, mesmement quand ilz ne se leverent point, quoy qu'ilz voissent les ennemis en armes venir vers eulx, ny ne changerent aucunement de visage ny de couleur, s'appuyans sur leurs bastons qu'ilz avoient ès mains tout doulcement, sans monstrer d'estre estonnez ny effroyez de rien, et se regardans les uns les autres : cela donna grand esbahissement aux Gaulois du commencement pour l'estrange façon de faire, tellement qu'ilz demourerent quelque temps en doubte d'en approcher et de leur toucher, craignans que ce ne fussent des dieux, jusques à ce qu'il y eut un d'entre eulx qui prit la hardiesse de s'approcher de Marcus Papyrius, et luy passa tout doulcement la main par dessus sa barbe qui estoit longue. Papyrius luy donna de son baston si grand coup sur la teste, qu'il la luy blecea : dequoy le barbare estant irrité, desguaina son espée et l'occit. Les autres semblablement tuerent aussi tous ceulx qu'ilz rencontrerent depuis, et furent plusieurs jours à piller et saccager tout ce qui estoit dedans les maisons et puis à la fin meirent le feu dedans et les ruinerent par despit de ceulx qui tenoient fort dedans le Capitole, pour ce qu'ilz ne s'estoient pas voulu rendre à leur sommation, ains les avoient très bien repoussez quand ilz s'estoient approchez de la muraille : pour laquelle cause ilz demolirent la ville entierement, et passerent au fil de l'espée toutes les personnes qu'ilz peurent avoir en leurs mains, autant femmes, qu'hommes, petits enfans et vieilles gens.

MONTLUC.

1502 — 1577.

Dîner donné par Montluc dans sa tente à Monsieur de Guise et au duc de Saxe. 1558.

Je croy que ce fut la plus belle et grande armée de cauallerie et d'infanterie que iamais Roy de France eust. Car comme le Roy la vouloit voir toute en bataille, le camp duroit vne lieuë et demie. Et quand on commençoit à marcher par la teste, auant qu'on fust au bout et retourné il y falloit trois heures.

Deux heures auant iour Messieurs de Bourdillon et de Tauannes Mareschaux de camp se rendirent au lieu où tout le camp estoit assigné : et à mesure que nous arriuions, ils nous bailloient le lieu où il falloit que nous fussions : et auant que tout le camp fust en bataille, il fut plus de huict heures. Il faisoit vn grand chaut. Monsieur de Guise se rendit à l'aube du iour : et aydoit à mettre en bataille l'armée. Je fus mis auec les François entre les Suisses et vn bataillon d'Allemans. Et passant monsieur de Guise pardeuant nostre bataillon, il dit : Pleust à Dieu, qu'il y eust icy quelque bon compaguon qui eust vn flascon de vin et du pain pour boire vn coup, car ie n'auray pas temps d'aller à Pierrepont disner auant que le Roy soit arrivé. Je lui dis : Monsieur, voulez-vous venir disner à mes tantes ? Il n'y auoit pas plus d'vne ar-quebuzade. Je vous donneray de fort bon vin François et Gascon et force perdriaux. Alors il me dit, ouy, monseigneur, mais les perdriaux seront de vostre pays, des aux [1] et des oignons. Je luy respondis, que ce ne seroit l'vn ny l'autre, mais que ie luy donne-rois si bien à disner, que s'il estoit dans son logis, et le vin aussi froid, qu'il en pourroit boire, et vin de Gascogne et de bonne eau. Alors il me dit, ne vous mocquez-vous point, monseigne ? et ie luy dis, non sur ma foy. Ouy, dit-il, mais ie ne puis laisser le Duc de Saxe. Je luy respondis, amenez le Duc de Saxe, et qui vous voudrez. Il me respondit, que le Duc ne viendroit pas, sans ses capitaines. Et ie luy respondis, amenez capitaines et tout, car i'ay prou à manger pour tous. J'auois promis le soir deuant à mes-sieurs de Bourdillon et de Tauannes, de leur donner à disner, après qu'ils auroient mis le camp en bataille ; mais ils n'y peurent venir, pour ce q'vne partie de la cauallerie, qui estoit logée loin, n'estoit encore arriuée, et d'autre part i'auois vn des bons viuan-diers de l'armée. Monsieur de Guise alla chercher le Duc de Saxe, ensemble ses capitaines. J'envoiay en diligence à mon Maistre d'hostel, afin que tout fust prest. Mes gens auoient fait faire vne caue dans terre, dans laquelle le vin et l'eau y [2] demeuroient aussi frais que glace, et de bonne fortune, ie me trouuay force per-driaux, cailles, paons d'Inde, leurauts, et tout ce que l'on eust pu souhaitter, pour faire vn beau festin, auec patisserie et tartes :

[1] Ou *aulx*, pluriel de *ail*, peu usité maintenant.
[2] Gr. § 62.

car je m'asseurois bien que messieurs de Bourdillon et de Tauannes ne viendroient pas seuls, lesquels ie voulois bien traicter : pource que i'estois bien aimé d'eux. Ils furent si bien traictez, que Monsieur de Guise demanda au Duc de Saxe par son truchement qu'est-ce que luy sembloit du colonel des François, et s'il ne nous auoit pas bien traittez et donné de bon vin ?

Le Duc leur respondit, que si le Roy leur eust donné à disner, il ne les eust pas mieux traittez, ni donné de meilleur vin, ny plus frais. Les capitaines du Duc de Saxe ne l'espargnoient pas, beuuans tousiours à nos capitaines François lesquels i'avois aussi mené auec moy. Et encores que messieurs de Bourdillon et de Tauannes fussent venus, si ne m'eussent-ils pas surpris. Car après la table de monsieur de Guise, il n'en y auoit vne seule en tout le camp plus longue, ny mieux fournie que la mienne. Et tousiours i'en ay vsé ainsi, en quelque charge que i'aye été ; car pour honorer les charges que i'ay euës de mes Maistres, i'ay voulu faire croistre ma despence. J'ay veu tousiours ceux qui ont vescu ainsi, estre plus en credit, que les autres, et mieux suiuis. Car tel gentilhomme est sorty de bon lieu, qui ne sçait bien souuent où aller disner. Et sçachant quelque bonne table volontiers il s'y rendra. Et s'il vous suit à table, volontiers il vous suiura ailleurs, s'il est tant soit peu bien nay, et nourry. Pour retourner à mes hotes, quand ils sortirent de table, Monsieur de Guise me dit, comment mes gens pouuoient faire blanchir le linge, surquoy ie leur avois donné à disner. Je luy dis, que c'estoient deux hommes, que i'avois, qui le blanchissoient. Vrayement, dit-il, vous estes seruy en Prince. Et là dessus entretint le Duc de Saxe, en disant plus de bien de moy, qu'il n'y en sçauroit auoir. Je dis à monsieur de Guise qu'il me fist donner de l'argent au Roy[1], pour faire de la vaisselle d'argent, afin qu'vne autre fois, quand ils me feroient cest honneur de venir manger à mes pauillons, ie les fisse servir, comme il leur appartenoit. Monsieur de Guise le dit au Duc de Saxe lequel dit, qu'il le vouloit dire au Roi : et comme ils voulurent monter à cheval, pour retourner au camp, on leur vient dire, que le Roy estoit party de Marches, qu'il s'en venoit au camp. Eux deux s'en allerent au deuant ; et nous tournasmes cha-

[1] Gr. § 48.

cun en sa place, tant les capitaines du Duc que nous autres, qui
tous estions ie vous asseure bien souls, et la teste pleine. Ils rencontrerent le Roy à vn quart de lieue des batailles. Sa Maiesté leur
demanda s'ils auoient disné. Monsieur de Guise luy respondit
qu'ouy, aussi bien qu'ils eussent fait il y auoit un an : et pour ce
qu'ils venoient deuers les batailles, sa Maiesté leur dit, qu'ils n'a-
uoient pas disné à Pierrepont. Monsieur de Guise luy dit, vous ne
sçauriez deuiner, qui nous a donné à disner, ny qui nous a si
bien traittez. Alors le Roy lui demanda, et qui? C'est, respondit
monsieur de Guise, Montluc. Je croy qu'il vous a donné des
viandes, de son pais, dit le Roy, des aulx et des oignons, et le vin
bien chaut. Surquoy monsieur de Guise luy compta, comme ils
auoient esté traittez. Le Roy le demanda au Duc par son truchement, lequel respondit, que si sa Maiesté leur auoit donné à disner, il ne leur eust sçeu donner de meilleures viandes, ny de
meilleur vin, ny plus frais : que puis que i'estois si bon compa-
gnon, qu'il' falloit que sa Maiesté me donnast de l'argent pour
faire de la vaisselle d'argent : car rien ne leur auoit manqué que
cela : et que monsieur de Guise et luy m'auoient promis de luy
faire ceste demande. Le Roy leur promit, qu'il le feroit, et que
puisque ie dependois si honorablement il m'en vouloit donner le
moyen, plus qu'il n'auoit fait iusques à ceste heure là.

Assaut et prise de Rabastens[2].

1570.

Nostre ordre estant dressé, ie me mis aupres de la porte de
la ville, et près la bresche où nous estions entrez auec toute
la noblesse. Il y pouuoit auoir six ou sept vingt gentils-hommes : et tousiours en arriuoit d'autres, car monsieur de la Cha-
pelle Lauzieres qui venoit de Quercy en amenoit une grande

---

[1] Gr. § 103.

[2] Montluc faisant la guerre à la reine de Navarre, mère de Henri IV et protestante, il assiégea en 1570, âgé de 68 ans, la ville de Rabastens dans le Bi-
gorre; elle était défendue par un château fort. Le siége durait depuis plusieurs
jours. Montluc résolut de donner l'assaut, malgré un pressentiment, comme il
dit en avoir eu dans mainte occasion.

troupe. Je diray cecy de mon presage que iamais on ne me peut
oster de ma fantaisie que ie ne deusse estre tué par la teste, ou
blessé. Je m'estois mis en opinion pour cette occasion, que ie n'i-
rois point à l'assaut, songeant bien que ma mort troubleroit fort
le pays : et le matin ie dis à monsieur de Las Aduocat du Roy à
Agen, lequel estoit de nostre conseil et qui estoit venu auec moy,
ces paroles : Monsieur l'Aduocat, il y a des gens qui ont crié et
crient que ie suis fort riche, vous sçauez l'argent que i'ay iusqu'à
vn escu : car par mon testament, où vous estiez appellé, vous le
sçauez. Et pour ce qu'on ne sçauroit oster l'opinion aux gens que
ie n'aye beaucoup d'argent, et si par fortune ie mourrois en cet
assaut, l'on demanderoit à ma femme quatre fois plus que ie n'en ay,
voilà le roolle de tout l'argent que i'ay auiourd'huy en ce monde,
tant aux interests que ce qui est entre les mains de ma femme.
Barate, mon maistre d'hôtel a ecrit le bourdereau, le voilà signé
de ma main. Vous m'estes amy, ie vous prie que si ie meurs, que
vous et le Conseiller de Nort vous vous monstriez amis de ma
femme, et de mes deux filles, et sur tout de Charlotte-Catherine
qui a cet honneur d'auoir esté tenuë sur les fons par le Roi et la
Roine. Et luy deliuray ledit roolle entre ses mains et conneus bien
qu'il eut plus d'enuie de pleurer que de rire. Et par là on peut
iuger si le malheur qui m'aduint ne m'alloit deuant les yeux. Je
n'ay point d'esprit familier : mais il ne m'est guere arriué malheur, que mon esprit ne l'ay predit. Je taschois tousiours à me
l'oster de la fantaisie, remettant tout à Dieu qui dispose de nous
comme il lui plaist. Je n'en fis iamais autrement, quoy que les
Huguenots mes ennemis ayent dit et escrit contre moy.

Comme les deux heures furent venues, ie fis apporter huict ou
dix flascons de vin que madame de Panias m'auoit enuoyé et le deliuray aux gentils-hommes et leur dis, beuuons mes compagnons,
car bien tost se verra qui a tetté de bon laict. Dieu veuille que nous
puissions quelque iour boire ensemble. Si nos iours derniers sont
venus, il n'est en nostre pouuoir de rompre les destinées. Et comme
tous eurent prins du vin, s'encouragerent les vns les autres, apres
que ie leur eus fait une petite remontrance en trois mots, leur disant mes amis et compagnons, nous voicy prests à iouer des mains :
il faut que chacun monstre ce qu'il sçait faire. Ceux qui sont dans
cette place, sont de ceux qui auec le Comte de Mongommery, ont

ruiné vos Egliscs, pillé vos maisons, il faut leur faire rendre gorge.
Si nous les emportons et mettons au cousteau, vous aurez bon
marché du reste de Bearn. Croyez moy rien ne vous fera teste.
Or allez, ie vous suiuray bien tost. Lors ie fis sonner l'assaut, les
deux capitaines y allerent, quelques vns de leurs soldats et les enseignes ne firent pas fort bien. Et comme ie vis que ceux-là n'y
entreroient pas, monsieur de Sainctorens marcha auec quatre
enseignes, et les mena iusques aupres de la bresche, qui ne firent
pas mieux que les autres, car ils estoient encores demeurez loin
quatre ou cinq pas de la contr'escarpe, laquelle n'empescha pas
que nostre artillerie ne fist ce qu'elle vouloit faire et tous se mirent les genoux à terre derriere. Soudain ie conncus bien qu'il
falloit que d'autres y missent la main que nos gens de pied. Tout
à un coup ie perdis la souuenance de l'opinion que i'auais d'y deuoir estre tué, ou blessé et ie ne m'en souuins plus : et dis à la noblesse : Gentils-hommes mes amis, il n'y a combat que de noblesse. Il faut que nous esperions que la victoire doit venir par
nous autres qui sommes gentils-hommes, allons ie vous montre-
ray le chemin, et ie vous feray connoistre, que iamais bon cheual
ne deuint rosse. Suiuez hardiment et sans vous estonner donnez,
car nous ne sçaurions choisir une mort plus honorable. C'est trop
marchander, allons. Je prins alors monsieur de Goas par la main,
et luy dis monsieur de Goas, ie ueux que vous et moy combattions
ensemble. Je vous prie ne nous abandonnons point : et si ie suis
tué ou blessé, ne vous en souciez point, et me laissez là, et poussez
seulement outre, et faites que la victoire en demeure au Roi. Et
ainsi nous marchasmes tous d'aussi bonne volonté qu'a ma vie[1] ie
vis aller à l'assaut, et regarday deux fois en arriere, ie vis que
tous se touchoient les uns les autres. Il y auoit vne grande plaine
qui duroit cent cinquante pas ou plus, toute descouuerte par là
où nous marchions droit à la bresche. Les ennemis tiroient là sur
nous, et me furent blesscz six gentils-hommes près de moy. Le
sieur de Besoles en estoit un, son coup fut au bras, et fort grand,
aussi il faillit à mourir, le vicomte de Labatu à une iambe, ie ne
sçaurois dire le nom des autres, parce que ie ne les connoissois
pas tous. Monsieur de Goas en auoit mené sept ou huict auec luy :

[1] De ma vie.

et entr'autres le capitaine Sauaillan l'aisné : et luy en fut tué là trois : et ledit capitaine Sauaillan biessé d'une arquebusade au trauers du visage. Il y auoit son capitaine du Plex, vn autre capitaine la Bastide, de mes parens, d'aupres de Villeneufue, qui tousiours avait suiuy monsieur le Comte de Brissac, vn capitaine Rantoy qui est de Damasan, le capitaine Sales de Bearn, qui desia auoit esté blessé d'un coup de picque à l'œil. Il y auoit deux petites chambres, qui estoient de la hauteur d'une longue picque et dauantage, les ennemis deffendoient ces chambres de bas en haut : de sorte que homme des nostres ne pouuoit monstrer la teste qu'il ne fust veu : et commencerent nos gens à tirer à grands coups de pierre là dedans, et eux aussi tiroient contre nous : mais l'auantage estoit aux nostres qui tiroient contre bas. J'auois fait porter trois ou quatre eschelles au bord du fossé : et comme ie me retournay en arriere pour commander que l'on apportast deux eschelles, l'arquebusade me fut donnée par le visage du coin d'une barricade qui touchoit à la tour. Je crois qu'il n'y auoit pas là quatre arquebusiers ; car tout le reste de la barricade auoit esté mis par terre des deux canons, qui tiroient en flanc. Tout à un coup ie fus tout en sang : car ie le iettois par la bouche, par le nez, par les yeux. Monsieur de Goas me voulut prendre pensant que ie tombasse, ie luy dis laissez moy, ie ne tomberay point, suivez vostre poincte. Alors presque tous les soldats, et presque aussi tous les gentils-hommes commencerent à s'estonner, et voulurent reculer : mais ie leur criay, encores que ie ne pouuois presque parler à cause du grand sang que ie iettois par la bouche et par le nez. Où voulez-vous aller, où voulez-vous aller? Vous voulez vous espouuanter pour moy? Ne vous bougez, ny n'abandonnez point le combat, car ie n'ay point de mal, et que chacun retourne en son lieu. Couurant cependant le sang le mieux que ie pouuois, et dis à monsieur de Goas, Monsieur Goas, gardez ie vous prie, que personne ne s'épouuante, et suiuez le combat. Je ne pouuois plus demeurer là : car ie commençais à perdre la force, et dis aux gentils-hommes, ie m'en vais me faire panser, et que personne ne me suiue, et vengez-moy, si vous m'aimez. Je pris un gentilhomme par la main, ie ne sçaurois le nommer, car ie ne voyais presque point, et m'en retournay par le mesme chemin que i'y estois allé, et trouuay un petit cheual d'vn soldat, sur lequel ie montay comme ie peus, aidé de ce gentilhomme. Et ainsi fus conduit à mon logis, là où ie trouuay un Chirurgien du regiment de monsieur de Goas nommé maistre Simon, qui me pensa et m'arracha les os des deux ouiës avec les doigts si grands estoient les trous, et me coupa force chair du visage, qui estoit toute froissée [1].

Monsieur de Gramond estoit sur vne petite eminence tout auprès de là, bien à son aise, qui voyoit le tout, et parce qu'il est de cette belle Religion nouuelle, encores qu'il n'ait porté les armes contre le Roi, il craignoit de se mesler parmi nous autres. Et se doutant qu'il y eust des ennemis il vid que comme ie fus blessé, tous les soldats s'effrayerent : et dist à ceux qu'il avoit auprès de luy : Voilà quelque grand personnage mort. Voyez-vous comme les soldats se sont effrayez. Je me doute que ce soit monsieur de Montluc, et dit à un sien gentil-homme nommé monsieur de Sart, courez voir si c'est luy, et s'il l'est, et qu'il ne soit mort, dites luy que ie le prie qu'il permette que ie l'aille voir. Le dit sieur de Sart est catholique, il y vint. A l'entrée de la ville on luy dit que c'estoit moy. Il vint à mon logis, et trouua que l'on me pleuroit et que j'estois à la renuerse sur un lit en terre, et me dit que monsieur de Gramond me prioit qu'il me vist, et si ie prendrois plaisir qu'il y vint. Je luy dis que ie n'auois point d'inimitié avec monsieur de Gramond, et que quand il viendroit, qu'il connoistroit, qu'il auoit autant d'amis en nostre camp, et peut-être dauantage, qu'à celuy de leur Religion. Il ne fut si tost party d'auprès de moy, que voicy monsieur de Madaillan mon Lieutenant, lequel estoit à mon costé, quand i'allay à l'assaut, et monsieur de Gaos à l'autre qui venoit voir si i'estois mort, et me dit, monsieur, resioussiez vous, prenez courage, nous sommes dedans. Voilà les soldats aux mains qui tuent tout : et asseurez vous que nous vengerons votre blesseure. Alors ie luy dis, ie louë Dieu de ce que ie vois la victoire à nous auant que de mourir. A present ie ne me soucie point de la mort. Je vous prie de vous en retourner, et montrez moy toute l'amitié que vous m'avez portée, et gardez qu'il n'en eschappe un seul qui ne soit tué. Et à l'instant s'en retourna : et tous mes seruiteurs mesmes y allerent : de sorte qu'il ne demeura aupres de moy que deux pages, et l'aduocat de Las,

---

[1] La blessure de Montluc lui avait emporté une grande partie du nez. Il fut obligé dès lors de porter une espèce de masque, qu'on appelait *un touret de nez.*

et le Chirurgien. L'on voulut sauuer le Ministre, et le capitaine
de là dedans nommé Ladons, pour les faire pendre devant mon
logis, mais les soldats faillirent de les tuer eux-mesmes, et les os-
terent à ceux qui les tenoient, et les mirent en mille pièces. Les
soldats en firent sauter cinquante ou soixante du haut de la
grande tour qui s'estoient retirez là dedans dans le fossé, lesquels
se noyerent. Il se trouue que l'on en sauva deux qui s'estoient ca-
chez. Il y avoit tel prisonnier qui vouloit donner quatre mil escus :
mais iamais homme ne voulut entendre à aucune rançon et la
pluspart des femmes furent tuées, lesquelles aussi faisoient de
grands maux avec les pierres. Il s'y trouua un Espagnol marchand
qu'ils tenoient prisonnier là-dedans, et vn autre marchand catholique aussi qui furent sauuez. Voilà tout ce qui demeura en
vie des hommes qui se trouuerent là dedans, qui furent les deux
que quelqu'un desroba, et ces deux marchands qui estoient ca-
tholiques. Ne pensez pas, vous qui lirez ce liure que je fisse faire
cette execution tant pour vanger ma blesseure que pour donner
épouuante à tout le pays, afin qu'on n'eust le cœur de faire teste
à nostre armée. Et me semble que tout homme de guerre au commencement d'vne conqueste en doit faire ainsi contre celuy qui
oserait attendre son canon. Il faut qu'il ferme l'oreille à toute
composition et capitulation, s'il ne void de grandes difficultez à
son entreprinse, et si son ennemy ne l'a mis en peine de faire bresche. Et comme il faut de la rigueur (appellez la cruauté si vous
voulez) aussi faut il de l'autre costé de la douceur si vous voyez
qu'on se rende de bonne heure à vostre mercy.

C A L V I N .

1509 — 1564.

Lettres familières.

A Monsieur de Falais[1],

Monseigneur, j'espère, suivant ce que m'a mandé dernierement
Antoine Maillet, que vous estes en meilleure disposition que de

[1] Jacques de Bourgogne, seigneur de Falais et de Bredam, et sa femme Jo-
lande de Brederode, poursuivis dans leur patrie pour leur attachement à la re-

coustume, dont je remercie nostre bon Dieu, le pryant de vous confermer pleinement, car je ne doubte pas que, la maladie ne vous ait laissé une longue queue de foiblesse. Mais celluy qui a commencé à vous remectre au-dessus, parfera, comme j'espère par sa bonté infinie, tant pour exaulser les prieres de ses serviteurs, que pour fermer la bouche aux iniques, à ce qu'ils ne prengnent point occasion de dire, que vous aiez esté vaincu de leur tentation. Car vous sçavez comme il ne leur fault pas grant couleur pour blasphemer.

Or Dieu vous monstrera, qu'il vous a disposé à recevoir encor de plus grans assaults, si mestier est. Et cependant nous fera la grace de jouir plus long temps de vous à nostre singuliere consolation. Quant nous aurons nouvelles [2] de par vous-mesmes, elles nous resjouiront encor plus.

Sur ce Monsieur, après m'estre humblement recommande à vostre bonne grace, et celle de Madamoiselle [3] et vous avoir presenté à tous deux les recommandations d'une femme resuscitée, je supplye nostre bon Dieu de vous avoir tousjours en sa saincte garde, multipliant ses graces en vous journellement à la gloire de son nom.

De Genesve ce 26 d'Octobre.

Vostre humble Frere, Serviteur et entier Amy,

JEHAN CALVIN.

Au même,

. . . . . Je suis joyeulx de vostre bonne disposition, premierement pour vostre soulaigement, et aussi pour ce que j'espere qu'elle nous sera le moien de vous veoir. Cependant nous prie-

ligion protestante, errèrent d'asile en asile. Calvin faisait grand cas du seigneur de Falais; il entretint avec lui une correspondance familière pendant près de six ans.

[1] Lex.
[2] Gr. § 51.
[3] Lex.

rons Dieu qu'il vous veuille encor restaurer de mieulx en mieulx, combien qu'il ne nous fault [1] pas attendre ne vous ne moy d'estre jamais fort vaillans en ce monde.

Nous avons faict Sainct André prescheur, de quoy vous serez possible [2] esbahy. Il ne s'y attendoit pas, et je croy aussi que son couraige [3] n'y enclinoit pas du premier coup. Mais nous avons faict conscience voyant son zele et sa dexterité, de le laisser tousjours oisif. J'espere que Dieu en sera servy en profict et edification de son Eglise. Il n'y a pas esté amené sans combat, mais congnoissant que la vocation venoit d'en hault, il n'y a pas resisté.

Sur ce Monseigneur, aprez avoir presenté les humbles recommandations tant de moy que de ma femme, à vostre bonne grace, et à celle de Madamoiselle, je supplieray nostre bon Dieu de vous avoir tousjours en sa protection, vous conduisant à son honneur comme il a faict jusque icy, et se monstrant si puissant en vous, qu'on y congnoisse tousjours le fruict de ceste belle victoire en laquelle Jesus-Christ nous console.

De Genesve ce 16 d'Avril (1546).

———

Au même.

. . . . Pour vostre personne, suivant la charge que vous m'aviez donné j'ay regardé depuis mon retour où il y auroit logis commode. Quant à celluy de Clebergue vous seriez trop loing des voisins que vous cherchez. Combien que de long tems j'en avoye eu envye pour moy-mesme, affin de m'y desrober quant je cherche d'avoir loysir. Et m'avoit on promis de m'en donner response. Mais rien n'est venu. Si je l'avoye entre mes mains, comme l'on m'en avoit donné esperance, vous sçavez qu'il sera à vostre commandement.

Auprès de nous je n'en ay peu trouver ayant jardin, qui vous feust plus propre que une que je vous ay louée. Non pas que le logis me contente. Mais il me l'a fallu faire par faulte d'aultre. Vous aurez au devant moien jardin, et court assez spacieuse. Derriere, aultre

[1] Gr. § 76.
[2] Lex.
[3] Lex.

jardin encor. Une grant salle, d'aussi belle veue que vous en sçauriez souhaitter pour l'esté. Les chambres n'ont pas si plaisant regard [1], que je vouldroye bien. Mais quant vous serez arrivé, possible qu'on trouvera moien d'y donner ordre. Excepté la salle,
on pouvoit trouver maisons de meilleure estoffe, et mieulx bas-
ties pour la commodité. Mais le jardin n'y eust pas esté, et je
voy que c'est un membre que vous desirez principallement. Quoy
qu'il en soit, elle est louée à douze escus. Quant vous la verrez,
si vous dictes que c'est trop, j'auroy mon excuse preste, que je ne
suis pas tel mesnager que pour bien espargner ma bourse non
plus que celle des aultres. Je me suis hasté d'en faire marché à
cause du jardin seulement. Si le temps vous targoit par delà, il
me semble que la saison vous sera aussi propre d'icy à un mois
que plus tard, moyennant que l'air fust gracieux selon que la saison le doit porter...

Ce 25 de Febvrier 1547.

HISTOIRE D'UN CARME.

Lettre aux fideles de Lyon.

Nous avons à vous escripre quelques nouvelles touchant le
carme qui a là presché le caresme dernier, lesquelles ne tourne-
ront pas à sa louange. Ce que nous en faisons n'est point de cupi-
dité que nous ayons de detracter de luy, car encores que nous
ayons quelque occasion qui nous peult induire à cela, nostre courage n'est pas tel et n'en avons point la coustume. Mais quant
nous vous aurons exposé la raison qui nous meut, elle vous pourra
pleinement satisfaire. D'aultant qu'il [2] s'en est retourné par devers vous mal content du recueil que luy avions faict, comme il a
dict à quelques ungs, nous pensons bien que estant par de là, il
vous pourra faire beaucoup de complainctes, et ne fust-ce que
pour se purger de ce qu'il retourne de rechef en l'abisme dont le
Seigneur l'avoit delivré. Or nous voyons d'aultre part quelle of-

[1] Lex.
[2] Lex.

fense vous pourriez concevoir contre nous, si vous n'estiez deuement advertis de toute l'affaire. En tant doncques que nous sommes
tenus à vous à cause du lien auquel le Seigneur nous a conjoincts
ensemble, et que nous serions coulpables devant Dieu envers
vous, si nous ne mections en peine d'obvier à tous les scandales
que le diable tasche d'esmouvoir pour nous separer et aliener de
l'unité que le Seigneur a mise entre nous, il nous a semblé advis
bon de vous reciter simplement l'histoire du recueil et traictement
que luy avons faict, et au contraire comment il s'est porté, pour
vous laisser le jugement de ce qui l'a peu esmouvoir à se mescon-
tenter de nous. Ce que nous vous en reciterons sera comme devant Dieu, lequel nous appellons en tesmoing le priant de mani-
fester la vérité telle qu'elle est, et confondre ceulx qui vouldroient
user de mensonge et calumnies aucunes.

Quelques jours apres qu'il fust arrivé, ayant desjà parlé à luy
en particulier, et luy ayant monstré signes de humanité et amitié,
nous l'appellasmes estant ensemble pour sçavoir sa deliberation.
Apres qu'il nous eust dict qu'il estoit venu pour servir à l'Eglise
de Dieu, nous le priasmes de ne prendre point en mauvaise part ce
que nous ne luy avions point presenté du premier jour la chaire.
Pareillement le priasmes de nous vouloir excuser, si nous diffé-
rions encores quelque temps, et lui remonstrasmes les causes qui
nous empeschoient de nous haster. Premierement pource que
nostre Seigneur nous a baillé nostre reigle par escript, laquelle il
ne nous est licite de oultrepasser. C'est qu'il nous a deffendu de
recevoir homme au ministere devant que l'avoir bien et deuement
approuvé, comme ceste reigle nous doibt estre inviolable, si nous
voulons avoir bon ordre et police en l'Eglise. Nous l'admones-
tasmes de considerer combien la police du ministere nous estoit
recommandée de Dieu, laquelle seroit vilipendée si on y recevoit
ung homme à la volée sans observer forme legitime. Secondement
nous luy remonstrasmes en quelle consequence cela pourroit
venir, si nous l'introduisions ainsi hastivement, à sçavoir qu'un
aultre vouldroit estre receu à son exemple, et en quelque sorte
qu'il en advînt que nous tomberions en une plus grande confusion
qu'il n'y a eu le temps passé, faisant dispense à l'ung et la des-
nyant à l'aultre, laquelle inequalité est une ruyne mortelle en
l'Eglise de Dieu. Tiercement nous luy dismes que quant nous au-

rions si mauvaise conscience de vouloir en sa faveur transgresser le commandement de Dieu, qu'il ne nous seroit point permis neantemoins, pource que nous avions nos loix ecclesiastiques reduictes par escript, lesquelles nous chantent une leçon toute diverse. Or il nous les fault observer, veu que tout le peuple à nostre coustume s'y est obligé. Pour le quatriesme, nous lui remonstrasmes que c'estoit mesme son profict que la chose se fit meurement, pource que ce pendant il auroit le plaisir de considerer combien la charge est difficile et fascheuse afin de prendre conseil sur cela de ce qu'il auroit à faire. Semblablement de cognoistre nostre forme et maniere afin de s'y accommoder, de peur de scandaliser le peuple lequel est tendre et delicat, car les plus rudes sont quelquefois plus difficiles à contenter. Neantmoins si luy donnasmes-nous bien à entendre que nostre intention n'estoit point de le tenir longtemps en suspend et faire languir, mais plus tost de regarder en brief, et plus tost que possible nous sera, de l'appliquer au service de Dieu. Sur cela nous le priasmes d'avoir encore ung petit de patience en attendant que les choses se fissent selon l'ordre de Dieu, et que cependant il usast de nous privement comme de ses freres, nous offrant de luy faire service et plaisir en toute chose que le Seigneur auroit mise en nostre main.

Il nous sembloit bien que nos propos estoient si raisonnables qu'il les debvoit prendre en payement. Davantage nous parlions aultant amyablement qu'il eust sceu demander, et soiez certain que tout homme craignant Dieu et ayant bonne conscience, eust esté bien satisfait. Qui plus est ung homme mesme de mauvais cœur, moyennant qu'il eust eu quelque honnesteté et n'eust pas esté du tout effronté, eust eu honte de contredire. Nostre moyne pour toute response nous somma de l'asseurer sur le champ, nonobstant toutes les raisons que nous avions alleguées. Et ce pour deux causes : la premiere c'est qu'il avoit pour lors compagnie qui le pouvoit conduire seurement hors des dangers et luy fournir monture et argent, et qu'il n'auroit point tousjours cette opportunité en main. La seconde que s'il avoit à s'en retourner en France, le plus tost seroit le meilleur, devant que le bruict de sa venue par deçà fust publié.

Nous vismes bien par ceste response qu'il ne sçavoit que c'estoit ne de l'Eglise, ne du ministere, et que s'il avoit peu d'intelligence,

encores avoit-il moins de cœur et de zele. Toutes fois l'ayant faict
retirer et ayant parlé ensemble entre nous, encores luy fismes-
nous une response fort doulce et gracieuse, luy priant qu'il nous
pardonnast si nous n'obtemperions point à sa requeste, veu que
nos consciences estoient abstrainctes [1] par la parole de Dieu, et ce
qui lui avoit esté dict auparavant lui fust expliqué et confermé
davantage tant par tesmoignages de l'Escripture que les exemples
de l'Eglise ancienne. On lui fist aussi des exhortations qui le pouvoient bien rompre et reduire à meilleure raison, s'il n'eust esté
par trop esgaré, et affin qu'il ne luy semblast qu'on ne luy fist point
l'honneur qui luy appartenoit, nous luy touschasmes qu'on avoit
bien usé de telle forme envers ceulx qui le valoient, et que iceulx
s'estoient vouluntiers assubjectis à cela.

Luy au lieu de se renger replicqua plat et court que si nous
pensions avoir l'esprit de Dieu, qu'il n'en estoit pas destitué, et
monstra bien que tout ce que nous avions mis en avant, il le pre-
noit à mocquerie. Nous luy respondismes premierement qu'en
ceste matiere nous avions la parole de Dieu tant clere que nos
consciences estoient suffisamment asseurées. Et encores que la chose
fust doubteuse ou que nous en eussions quelque scrupule que nostre
office estoit de ne rien attenter contre ce que nous penserions
estre du vouloir de Dieu. Toutesfois que ce que nous alleguions
estoit si cler qu'il n'estoit à mestier d'en faire plus longue dispute.
D'advantage qu'il se debvoit tenir plus tost pour suspect que nous
à cause qu'il ne rendoit que son particulier, et que de nostre part
nous n'avions aultre considerant, sinon de suivre l'ordre de Dieu.
Il nous replicqua aussi que s'il fust venu devant le caresme, il
eust bien souffert d'estre examiné, mais puisqu'il avoit presché
en une Eglise si voisine [2] qu'on debvoit bien tenir cela pour ap-
probation. Sur ce point nous lui dismes qu'il en advient en France,
comme dict Salomon, asçavoir qu'à une âme affamée les choses
ameres semblent estre doulces, car le paoure peuple est là tant
affamé de la vraye doctrine, que quant on luy en touche ung petit
mot ne fusse [3] qu'à demy, il est tellement ravy et transporté qu'il n'a

---

[1] Singulier mot pour *adstrainctes* (de *adstringere*), si ce n'est pas une faute
de copiste.

[2] L'église de Lyon.

[3] Fût-ce.

loisir de juger. Au reste touchant ce qu'il se vantoit d'avoir là presché, nous luy dismes qu'il n'en dressât point les cornes, et que nous sçavions bien en quelle infirmité ce avoit esté. Et toutesfois nous protestasmes que ce n'estoit point par reprosche, et que nous ne sommes pas si inhumains que nous ne supportions ceulx qui sont aulcunement infirmes en tel danger, mais que c'estoit pour l'induire à se recongnoistre afin qu'il ne s'euorgueillist point en vain, ayant plus de cause de s'humilier. En la fin nous taschasmes de rechef de l'adoulcir et luy donner bon courage, et luy de sa part ne fist pas d'aultre semblant d'estre irrité.

Le lendemain estant en une taverne en grande compaignie en laquelle il y avoit environ une dizaine de prescheurs d'icy alentour après qu'on eust devisé de quelque matiere, sans qu'il fust provoqué ne qu'il en eust occasion, comme s'il eust esté un contrerolleur de tout le monde, il dict qu'il n'y avoit point d'homme sçavant par deçà, et parla encores plus oultrageusement que nous ne disons, et comme la verité vient tousjours en lumiere avec le temps, nous avons esté depuis advertis que du premier jour qu'il estoit entré en ceste ville, il n'avoit cessé de mesdire maintenant de l'ung ou de l'aultre, maintenant de tous, jusques à prononcer que ne trouvoit nul goust ne nulle edification en toutes nos predications et lectures. Et toutesfois il estoit si effronté que ce pendant il osoit bien venir disner chez nous. Nous voyons bien quelle raison le menoit à cela, c'est que le paoure homme est si affamé de gloire qu'il brusle tout, et ce pendant nous ne voyons pas qu'il ait rien en quoy il se puisse glorifier. Car quant on aura bien es-, peluche tout ce qu'il a au ventre, on n'y trouvera que pure asnerie. Il sçait un peu moins en la langue latine qu'un enfant de huit ans ne debvroit faire. En l'Escripture il y est aussi ignorant qu'un caffart[1], et toutesfois il est si enivré d'ambition qu'il ne se peult tenir sur ses pieds. Nous vous laissons à reciter plusieurs menées qu'il a tenté. Tant y a qu'il n'eust pas tenu à luy de troubler nostre Eglise, si le temps y eust esté disposé.

[1] Qu'un homme qui n'a que les dehors de la religion. En arabe *Caphar* ou *Cafr* désigne un chrétien qui s'est fait musulman.

RABELAIS.

1483 — 1553.

Plan de campagne de Picrochole.

(Des gens du roi Grandgousier surprirent des fouaciers dépendants du roi Picrochole, et enlevèrent leurs fouaces. Picrochole, dans l'amère colère qu'exprime son nom, résolut de les venger par une guerre terrible. Il y fut excité encore par des conseillees belliqueux).

Les fouaces destroussees, comparurent devant Picrochole le duc de Menuail, comte Spadassin, et capitaine Merdaille, et luy dirent : Cyre, aujourd'huy nous vous rendons le plus heureux, plus chevalereux prince qui oncques feut depuis la mort de Alexandre Macedo. Couvrez, couvrez vous, dist Picrochole. Grand mercy dirent-ilz, cyre, nous sommes à nostre debvoir. Le moyen est tel. Vous laisserez icy quelque capitaine en guarnison, avec petite bande de gens, pour guarder la place, laquelle nous semble assez forte, tant par nature, que par les remparts faictz à vostre invention. Vostre armee partirez en deux, comme trop mieulx l'entendez. L'une partie ira ruer sus ce Grandgousier, et ses gens. Par ycelle sera de prime abordee facillement desconfist. La recouvrerez argent a tas. Car le villain en ha du content. Villain, disons nous, parce que ung noble prince n'ha jamais ung sou. Thesaurizer est faict de villain.

L'autre partie ce pendent tirera vers Onys, Saintonge, Angomoys, et Guascoigne : ensemble Perigort, Medoc, et Eslanes[1]. Sans resistence prendront villes, chasteaulx, et forteresses. A Bayonne, à Sainct Jean de Luc, et Fontarabie, saisirez toutes les naufz, et coustoyant vers Gualice et Portugal, pillerez tous les lieux maritimes, jusques a Ulisbonne, ou aurez renfort de tout equippaige requis a ung conquerent. Par le corbieu, Hespaigne se rendra, car

---

[1] « Eslanes. » Quoique *les Lanes* et *les Landes* soient termes synonymes, l'usage est cependant que par les *Lanes* on entend cette partie des Landes qui est sous le présidial de Dax. Rabelais a donc ici écrit et dû écrire *es Lanes.* Le *Duchat.*

ce ne sont que madourrez. Vous passerez par l'estroict de Sibylle [1]
et la erigerez deux colonnes plus magnificques que celles de Hercules a perpetuelle memoire de vostre nom. Et sera nommé cestuy destroict la mer Picrocholine.

Passee la mer Picrocholine, voicy Barberousse qui se rend vostre
esclave. Je dist Picrichole, le prendray a mercy. Voire, dirent-ilz,
pourveu qu'il se face baptiser. Et oppugnerez les royaulmes de
Tunis, de Hippes [2], Argiere, Bone, Corone [3], hardiment toute Bar-
barie. Passant oultre, retiendrez en vostre main Majorque, Mi-
norque, Sardaigne, Corsicque, et aultres isles de la mer Ligus-
ticque et Baleare. Coustoyant à gausche, dominerez toute la Gaule
narbonicque, Provence, et Allobroges, Genes, Florence, Lucques,
et a dieu seas [4] Rome. Le paovre monsieur du pape meurt desja
de paour. Par ma foy, dist Picrochole, je ne luy baiseray ja sa
pantoufle.

Prinse Italie, voila Naples, Calabre, Apoulle et Sicile toutes a
sac, et Malthe avec. Je vouldroys bien que les plaisans chevaliers
jadis Rhodiens vous resistassent, pour veoir de leur urine [5]. Je
iroys (dist Picrochole) voulentiers a Lorette. Rien, rien, dirent-
ilz, ce sera au retour. De la prendrons Candie, Cypre, Rhodes et
les isles Cyclades, et donnerons sus la Moree. Nous la tenons. Dieu
guard Hierusalem, car le souldan n'est pas comparable a vostre
puissance. Je, dist-il, feray doncques bastir le temple de Salomon !
Non, dirent-ilz, encores ; attendez ung peu. Ne soyez jamais tant
soubdain a vos entreprinses.

Sçavez-vous que disoyt Octavian Auguste? *Festina lente*. Il vous
convient premierement avoir l'Asie minor, Carie, Lycie, Pam-
phile, Cilicie, Lydie, Phrygie, Mysie, Betune [6], Charazie [7], Satalie [8],

---

[1] Par l'échange fréquent de l'*e* et de l'*i*, comme du *b* et du *v*, *Sibylle* est *Séville*; le détroit de Séville est le détroit de Gibraltar.

[2] Hippo-Diarrythus des anciens.

[3] Corone, c'est l'ancienne Cyrène, dont le nom moderne est Corène.

[4] « A dieu seas, » c'est *l'adieu sias* des Gascons et *l'adissiats* des Lauguedo-
ciens. *Adieu soit Rome* c'est-à-dire la puissance du pape.

[5] Effet de la peur.

[6] Bithynie.

[7] Carrasia, l'ancienne Sardis.

[8] Santalie dans la Pamphylie.

Samagerie [1], Castamerra, Luga [2], Savasta [3] jusques à Euphrates.
Voyrons nous, dist Picrochole, Babylone, et le mont Sinai ? Il
n'est, dirent ilz, ja besoing pour ceste heure. N'est-ce pas assez
tracassé de avoir transfreté la mer Hircane, chevaulché les deu
Armenies, et les troys Arabies ? Par ma foy, dist-il, nous sommes
affollez. Ha paovres gens ! Quoy ? dirent-ilz. Que boyrons-nous
par ces deserts ? Car Julian Auguste et tout son oust y moururent
de soif, comme l'on dict. Nous, dirent-ilz, avons ja donné ordre a
tout. Par la mer Syriace, vous avez neuf mille quatorze grandes
naufz charges des meilleurs vins du monde : elles arrivarent à
Japhes [4]. La se sont trouvez vingt et deux cens mille chameaulx
et seize cens elephans, lesquelz avez prins a une chasse environ
Sigeilmes [5], lors que entrastes en Lybie : et d'abundant eustes toute
la caravane de la Mecha. Ne vous fournirent-ilz pas de vinc suffisance ? voyre : mais, dist-il, nous ne busmes point frais. Par la
vertu, dirent-ilz, non pas d'ung petit poisson, ung preux, ung
conquerent, un pretendent et aspirant à l'empire univers ne peult
tousjours avoir ses aises. Dieu soit loué qu'estes venus vous et vos
gens, saufz et entiers jusques au fleuve du Tigre.

Mais, dist-il, que faict cependent la part de nostre armee qui
desconfit ce villain humeux Grandgousier ? ilz ne chomment pas,
dirent-ilz, nous les rencontrerons tantoust. Ilz vous ont prins
Bretaigne, Normandie, Flandres, Haynault, Brabant, Artoys,
Hollande, Selande : ilz ont passé le Rhein par sus le ventre des
Souices et Lansquenetz, et part d'entre eulx ont dompté Luxem-
bourg, la Lorraine, la Champaigne, Savoye jusques a Lyon : onquel lieu ont trouvé vos guarnisons retournans des conquestes na-
vales de la mer Méditerranee. Et se sont rassemblez en Boheme,
apres avoir mis à pat Soueve [6], Wirtemberg, Bavieres, Austriche,
Moravie et Stirie. Puis ont donné fierement ensemble sus Lubek,

[1] Peut-être Sammachia (Cyropolis) dans le Schirvan sur la mer Caspienne.
[2] Inconnues.
[3] L'ancienne Sébaste, sur la frontière de Cilicie.
[4] Jaffa.
[5] Probablement Sichem, aujourd'hui Naplouse. Autres conjectures: Sigeum,
promontoire de la Troade; Sicemus ville d'Arabie.
[6] Souabe.

Norwege, Sweden, Rich [1], Dace [2], Gotthie, Engroenland [3], les Estrelins [4], jusques à la mer Glaciale. Ce faict, conquestarent les isles Orchades, et subjuguarent Escosse, Angleterre et Irlande. De là, naviguans par la mer sabuleuse [5], et par les Sarnates, ont vaincu et dompté Prussie, Polonie, Lituanie, Russie, Valachie, la Transsilvane, Hongrie, Bulgarie, Turquie, et sont a Constantinople. Allons nous, dist Picrochole, rendre a [6] eulx le plus toust, car je veulx estre aussi empereur de Trebizonde. Ne tuerons nous pas tous ces chiens Turcs et Mahumetistes ? Que diable, dirent-ilz, ferons doncques ? Et donnerez leurs biens et terres a ceulx qui vous auront servy honnestement.

La raison, dist-il, le veult ; c'est équité. Je vous donne la Carmaigne [7], Surie, et toute la Palestine. Ha, dirent-ilz, Cyre, c'est du bien de vous, grand mercy. Dieu vous fasse bien tousjours prosperer. La present estoyt ung vieulz gentilhomme esprouvé en divers hazars, et vray routier de guerre, nommé Echephron, lequel ouyant ces propous, dist : J'ay grand paour que toute ceste entreprinse sera semblable a la farce du pot au laict, duquel ung cordouanier [8] se faisoyt riche par resverie; puys, le pot cassé n'eut de quoy disner. Que pretendez vous par ces belles conquestes? Quelle sera la fin de tant de travaulx et traverses ? Sera, dist Picrochole que nous, retournez, reposerons a nos aises : dont, dist, Echephron, et si par cas jamais n'en retournez ? car le voyaige est long et perilleux. N'est ce mieulx que des maintenant nous reposons [9], sans nous mettre en ces hasars. O ! dist Spadassin, par dieu voicy ung bon resveux, mais allons nous cacher au coing de la cheminee : et la passons avec les dames nostre vie et nostre

[1] Riga en Livonie en l'isle de Rugen.

[2] Sace ou Sacie, nom que par erreur Eneas Sylvius, *Histor. Europ.* C. 33, donne au Danemark, dont il s'agit ici.

[3] Le Groënland.

[4] Les Estrelins, Esterlins, Esserlings ou Osserlingers, habitants de l'Estonie.

[5] Dans la traduction de Ptolémée *pontus sabulosus* est la mer de Norwége, toute couverte en effet de bancs de sable.

[6] Vers.

[7] Caramanie.

[8] Rabelais connaissait sans doute, sur le même sujet, une fable plus ancienne que celle de la laitière de Des Pierriers, dans sa nouvelle XIV imitée par La Fontaine, l. x, f. 7.

[9] Gr. § 57.

temps a enfiler des perles, ou a filer comme Sardanapalus. Qui ne s'adventure, n'ha cheval, ny mule, ce dist Salomon[1]. Qui trop, dist Echephron, s'adventure, perd cheval et mule, respondit Malcon[2]. Baste, dist Picrochole, passons oultre. Je ne crains que ces diables de legions de Grandgousier : cependent que nous sommes en Mesopotamie, s'ilz nous donnoyent sus la queue, quel remede? Tresbon, dist Merdaille, une belle petite commission, laquelle vous envoyerez aux Moscovites, vous mettra en camp pour ung moment quatre cens cinquante mille combattans d'eslite. O si vous me y faictes vostre lieutenant, je tueroye ung pygne pour un mercier[3]. Je mors, je rue, je frappe, j'attrappe, je tue, je renie. Sus, sus, dist Picrochole, qu'on despesche tout et qui m'ayme sy me suyve.

Gargantua mange en salade six pélerins.

Le propous requiert que racontons ce qu'advint a six pelerins qui venoyent de Saint Sebastien pres de Nantes, et, pour soy heberger celle nuict, de paour des ennemys, s'estoyent mussez au jardin dessus les poyzars, entre les choux et lectues. Gargantua se trouva quelque peu alteré, et demanda si l'on pourroyt trouver des lectues pour faire sallade.

Et entendent qu'il y en avoyt des plus belles et grandes du pays, car elles estoyent grandes comme pruniers ou noyers, y voulut aller luy mesme, et emporta en sa main ce que bon luy sembla, ensemble emporta les six pelerins, lesquelz avoyent si grand paour qu'ilz n'ausoyent n'y parler, ny tousser.

Les lavant doncques premierement en la fontaine, les pelerins disoyent en voix basse l'ung a l'aultre : Qu'est il de faire[4] ? nous noyons icy entre ces lectues, parlerons nous? mais si nous parlons, il nous tuera comme espies. Et, comme ilz deliberoyent ainsi, Gargantua les mist avecques ses lectues dedans ung plat de

---

[1] Rien de semblable dans Salomon, dont Rabelais invoque l'autorité comme auteur de proverbes.

[2] Personnage imaginaire.

[3] Locution proverbiale renversée par plaisanterie: *Je tuerais un mercier pour un peigne.*

[4] Gr. § 72.

la maison grand comme la tonne de Cisteaulx [1] et avecques huyle
et vinaigre, et sel, les mangeoyt pour soy refraischir devant soupper, et avoyt jà engoulé cinq des pelerins : le sixiesme estoyt dedans le plat caché soubz une lectue, excepté son bourdon qui ap-
paroissoyt au dessus. Lequel voyant Grandgousier, dist a Gargantua : Je croy que c'est la une corne de limasson, ne le mangez
point. Pourquoy ? dist Gargantua, ilz sont bons tout ce moys Et
tirant le bourdon, ensemble enleva le pelerin et le mangeoyt tresbien. Puis beut ung terrible traict de vin pineau, en attendant que
l'on apprestat le soupper.

Les pelerins, ainsi devorez, se tirarent hors les meulles de ses
dens [2] le mieulx que faire peurent, et pensoyent qu'on les eust
mis en quelque basse fousse des prisons. Et lorsque Gargantua
beut le grand traict, cuidarent noyer en sa bouche, et le torrent
du vin presque les emporta au gouffre de son estomach : toute-
foys, saultans avecques leurs bourdons, comme font les micque-
lotz, se meirent en franchise l'oree des dens. Mais par malheur
l'ung d'eulx tastans avec son bourdon le pays, a sçavoir s'ils estoyent en seureté, frappa rudement en la faulte d'une dent creuse,
et ferut le nerf de la mandibule dont feit tresforte douleur a Gargantua, et commença a crier de raige qu'il enduroyt. Pour doncques se soulager du mal, feit apporter son curedens, et, sortant
vers le noyer grollier vous denigea [3] messieurs les pelerins.

Car il attrapoyt l'ung par les jambes, l'aultre par les espaules,
l'aultre par la besare, l'aultre par la fouillouse, l'aultre par l'escharpe. Ainsi les pelerins denigez s'enfuyrent a travers la plante a
beau trat, et appaisa [4] la douleur. En laquelle heure feut appelé
par Eudemon pour soupper, car tout estoyt prest. Passans de la
par l'oree de la touche en plain chemin, tumbarent tous, excepté
Fournillier, en une trape qu'on avoyt faicte pour prendre les
loups a la trannee. Dont escapparent moyennant l'industrie du dict
Fournillier, qui rompit tous les lacz et cordaiges. De la yssus, pour
le reste de cette nuict coucharent en une loge pres le Couldray.

[1] Rabelais et d'autres ont par erreur parlé de la tonne de Citeaux, au lieu de
celle de Clairvaux, rivale de gloire de la tonne de Heidelberg.

[2] Les dents molaires.

[3] Dénicha.

[4] Gr. § 65.

De l'enfance de Pantagruel.

Je treuve, par les anciens historiographes et poetes, que plusieurs sont nayz en ce monde en façons bien estranges que seroyent trop longues a raconter : lisez le septiesme livre de Pline, si avez loisir. Mais vous n'en ouistes jamais d'une si merveilleuse comme feut celle de Pantagruel : car c'estoyt chose difficile a croire comment il creut en corps et en force en peu de temps. Et n'estoyt rien Hercules, qui estant au berceau tua les deux serpens : car lesdictz serpens estoyent bien petitz et fragiles. Mais Pantagruel estant encores au berceau, feit cas bien espouventables. Je laisse icy a dire comment a chascun de ses repasts il humoyt le laict de quatre mille six cens vaches, Et comment, pour luy faire ung paeslon [1] a cuire sa bouillie, feurent occupez tous les pesliers [2] de Saulmur en Anjou, de Villedieu en Normandie, de Bramont en Lorraine, et luy bailloyt on ladicte bouillie en ung grand tymbre [3] qui est encore de present a Bourges, pres du palais : mais les dens luy estoyent desja tant creues et fortifiées qu'il en rompit du dict tymbre ung grand morceau, comme tresbien apparoist.

Certain jour vers le matin, qu'on le vouloyt faire teter une de ses vaches (car de nourrices il n'en eut jamais aultrement cómme dict l'hystóire) il se defeit des liens qui le tenoyent au berceau, ung des bras, et vous prend la dicte vache par dessoubz le jarret, et luy mangea les deux tetins et la moitié du ventre, avec le foye et les rognons, et l'eust toute devoree, n'eust esté qu'elle crioyt horriblement, comme si les loups la tenoyent aux jambes : auquel cry le monde arriva, et ostarent ladicte vache a Pantagruel : mais ils ne sçeurent si bien faire que le jarret ne luy en demourast comme il le tenoyt; et le mangeoyt tresbien, comme vous feriez d'une saulcisse; et quand on luy voulut oster l'os, il l'avalla bientost, comme ung cormoran feroyt ung petit poisson; et apres commença a dire : Bon, bon, bon, car il ne sçavoyt encore bien

---

[1] Poêlon.
[2] Poêlouniers, chauldronniers.
[3] Auge pour abreuver les bestiaux.

parler ; voulant donner a entendre qu'il l'avoyt trouvé fort bon, et
qu'il n'en failloyt plus qu'autant. Ce que voyans ceulx qui le ser-
voyent, le liarent a gros cables, comme sont ceulx que l'on faict
a Tain [1] pour le voyaige du sel a Lyon, ou comme sont ceulx de
la grand nauf françoise qui est au port de Grace [2] en Normandie. Mais quelquefoys [3] qu'ung grand ours que nourrissoyt son
pere eschappa, et luy venoyt lescher le visaige, car les nourrices
ne luy avoyent bien a poinct torché les babines, il se deffeit des-
dictz cables aussi facillement, comme Samson d'entre les Philis-
tins, et vous print monsieur de l'ours, et le mist en pieces comme
ung poulet, et vous en feit une bonne gorge chaulde pour ce re-
past. Parquoy, craignant Gargantua qu'il se guastast, feit faire
quatre grosses chaines de fer pour le lier, et feit faire des arbou-
tans a son berceau bien afustez. Et de ces chaines en avez une a
la Rochelle, que l'on leve au soir entre les deux grosses tours du
havre. L'aultre est a Lyon, l'aultre a Angiers, et la quarte feut
emportee des diables pour lier Lucifer qui se deschainoyt en ce
temps la, a cause d'une colicque qui le tourmentoyt extraordinai-
rement, pour avoir mangé l'ame d'ung sergeant en fricassee a son
desjeuner. Dont pouvez bien croire ce que dict Nicolas de Lyra
sus le passaige du psaultier ou il est escript : *Et Og regem Basan.*
Que ledict Og, estant encore petit, estoyt tant fort et robuste
qu'il le falloyt lier de chaines de fer en son berceau. Et ainsi demoura coy et pacifique ; car il ne pouvoyt rompre tant facillement
lesdictes chaines, mesmement qu'il n'avoyt pas espace au berceau de donner la secousse des bras. Mais voicy que arriva ung
jour d'une grande feste, que son pere Gargantua faisoyt ung beau
bancquet a tous les princes de sa court. Je croy bien que tous les
officiers de sa court estoyent tant occupez au service du festin
que l'on ne se soucioyt du paovre Pantagruel, et demouroyt ainsi
a reculorun. Que feit il ? qu'il feit, mes bonnes gens ? Escoutez :
Il essaya de rompre les chaines du berceau avecques les bras,
mais il ne peust, car elles estoyent trop fortes ; adoncques il tre-
pigna tant des pieds qu'il rompit le bout de son berceau, qui tou-

---

[1] Gros bourg sur le Rhône, vis-à-vis de Tournon, passage pour le sel du Dau-
phiné qu'on transportait à Lyon.

[2] Le Havre de Grâce ou le Havre, à l'embouchure de la Seine.

[3] Une fois, un certain jour.

tesfoys estoyt d'une grosse poste de sept empans en quarré ; et ainsi qu'il eust mis les piedz dehors, il s'avalla le mieulx qu'il peust, en sorte qu'il touchoyt les piedz en terre. Et alors, avecques grande puissance se leva, emportant son berceau sus l'eschine ainsi lié, comme une tortue qui monte contre une muraille, et a le veoir sembloyt que ce feust une grande carracque [1] de cinq cens tonneaulx qui feust debout. En ce poinct, entra en la salle, ou l'on banquetoyt, et hardiment qu'il espouventa bien l'assistance : mais, par autant qu'il avoyt les bras liez dedans, il ne pouvoyt rien prendre a manger, mais en grande peine s'enclinoyt pour prendre a tout la langue quelque lippee. Quoy voyant son pere, entendit bien que l'on l'avoyt laissé sans luy bailler a repaistre, et commenda qu'il feust deslié desdictes chaines, par le conseil des princes èt seigneurs assistans ensemble aussi que les medecins de Gargantua disoyent que, si l'on le tenoyt ainsi en berceau, que seroyt toute sa vie subject a la gravelle. Lorsqu'il feust deschainé, l'on le feit asseoir, et repeut fort bien, et mist son dict berceau en plus de cinq cens mille pieces, d'ung coup de poiug qu'il frappa au mylieu par despit avec protestation de jamais n'y retourner.

Panurge.

Panurge estoyt de stature moyenne, ny trop grand, ny trop petit, et avoyt le nez ung peu aquilin, faict a manche de rasouer, et pour lors estoyt de l'eage de trente et cinq ans, ou environ, fin a dorer comme une dague de plomb [2], bien gualand homme de sa personne, sinon qu'il estoyt quelque peu subject de nature a une maladie qu'on appelloyt en ce temps la :

Faulte d'argent c'est douleur sans pareille.

Toutesfoys il avoyt soixante et troys manieres d'en trouver tous-

---

[1] *Caracca*, en italien; *Carraca*, en espagnol; *Krœcke*, en flammand ; gros navire de transport.

[2] Le plomb n'est ni bon à dorer, ni à être doré. Tel était Panurge, vrai vaurien en tout sens.

jours a son besoing ; dont la plus honnorable et la plus connue estoyt par façon de larecin furtivement faict ; malfaisant, pipeur, beuveur, batteur de pavez, ribleur, s'il en estoyt à Paris ;

Au demourant le meilleur filz du monde.

Et tousjours machinoyt quelque chose contre les sergeans et contre le guet.

A l'une foys, il assembloyt troys ou quatre bons rustres, les faisoyt boyre comme templiers sus le soir, apres les menoyt au dessoubz de Saincte Geneviefve, ou aupres du college de Navarre, et a l'heure que le guet montoyt par la (ce qu'il congnoissoyt en mettant son espee sus le pavé, et l'aureille aupres, et lorsqu'il ouyoyt son espee bransler, c'estoyt signe infaillible que le guet estoyt pres), a l'heure doncques, luy et ses compaignons prenoyent ung tumbereau, et luy bailloyent le bransle, le ruant de grande force contre la vallee, et ainsi mettoyent tout le paovre guet par terre, comme porcz : puis fuyoyent de l'aultre cousté : car en moins de deux jours, il sceut toutes les rues, ruelles et traverses de Paris, comme son *Deus det* [1]. A l'aultre foys, faisoyt en quelque belle place, par ou ledict guet debvoyt passer, une trainee de pouldre de canon, et a l'heure que passoyt, mettoyt le feu dedans, et puys prenoyt son passe temp a veoir la bonne grace qu'ilz avoyent en fuyant, pensans que le feu sainct Antoine les tint aux jambes.

Parolles dégelées.

En pleine mer nous bancquetants, gringnotants, divisants [2] et faisants beaulx et courts discours, Pantagruel se leva et tint en pieds pour discouvrir a l'environ. Puis nous dist : Compaignons, oyez vous rien ? Me semble que je oy quelcques gents parlants en l'aer, je n'y voy toutesfoys personne. Escoutez. A son commandement nous feusmes attentifs, et a pleines aureilles humions l'aer comme belles huistres en escalle, pour entendre si voix ou son aulcun y

[1] Grâces latines après le repas.
[2] Pour devisants.

seroyt espars : et pour rien n'en perdre, a l'exemple de Antonin l'empereur, aulcuns opposions nos mains en paulme derriere les aureilles. Ce neanmoins protestions voix quelconques n'entendre.

Pantagruel continuoyt, affermant [1] ouyr voix diverses en l'aer, tant de hommes comme de femmes, quand nous feut advis, ou que nous les oyons pareillement, ou que les aureilles nous cornoyent. Plus perseverions escoutants, plus discernions les voix, jusques a entendre mots entiers. Ce que nous effraya grandement, et non sans cause, personne ne voyant, et entendant voix et sons tant divers, d'hommes, de femmes, d'enfans, de chevaulx : si bien que Panurge s'escria : Ventre bieu ! est ce mocque ? nous sommes perdus. Fuyons. Il y ha embusche autour : Frere Jean, es tu la, mon amy ? Tien toy pres de moy, je te supplie. As tu ton bragmart ! Advise qu'il ne tienne au fourreau. Tu ne le desrouilles poinct à demy. Nous sommes perdus. Escoutez : ce sont par dieu coups de canon. Fuyons. Je ne dis de pieds et de mains, comme disoyt Brutus en la bataille pharsalicque : je dis a voiles et a rames. Fuyons. Je n'ay poinct de couraige sus mer. En cave et ailleurs j'en ay tant et plus. Fuyons. Saulvons nous. Je ne le dis pour paour que je aye. Car je ne crains rien fors les dangiers. Je le dis tousjours.

Aussi disoyt le francarchier de Baignolet [2]. Pourtant n'hazardons [3] rien, a ce que ne soyons nazardez. Fuyons. Tourne visaige. Vire la peautre. Pleust a Dieu que presentement je feusse en Quinquenoys [4], a peine de jamais ne me marier ! Fuyons, nous ne sommes pas pour eulx. Ils sont dix contre ung, je vous en asseure. D'advantaige, ils sont sus leurs fumiers nous ne congnoissons le pays. Ils nous tueront. Fuyons, ce ne nous sera deshonneur. Demosthenes dist, que l'homme fuyant combattra derechief. Retirons nous pour le moins. Orche, poge, au trinquet, aux bou-

---

[1] Affirmant.

[2] Les Francs-archers étaient une sorte de milice créée par Charles VII. *Le Franc-archer de Bagnolet* est un monologue en vers, imprimé entre autres à la suite de Villon. Le poëte met dans sa bouche ce vers auquel Rabelais fait allusion :

Je ne craignois que les dangiers.

[3] L'*h* s'aspirait ou ne s'aspirait pas. Ici Rabelais a cherché un jeu de mots.

[4] Contrée de vignoble près de Chinon.

lingues. Nous sommes morts. Fuyons de par touts les diables, fuyons.

Pantagruel entendent l'esclandre que faisoyt Panurge, dist : qui est ce fuyart la bas ? Voyons premierement quels gents sont. Paradventure sont ils nostres. Encores ne voy je personne. Et si voy cent mille a l'entour. Mais entendons. J'ai leu qu'ung philosophe nommé Petron estoyt en ceste opinion que feussent plusieurs mondes soy touchant les ungs les aultres, en figure triangulaire equilaterale, en la pate et centre desquels disoyt estre le manoir de la verité, et la habiter les parolles, les idees, les exemplaires et pourtraicts de toutes choses passees et futures : autour d'icelles estre le siecle. Et en certaines annees, par longs intervalles, part d'icelles tumber sus les humains comme catarrhes, et comme tumba la rousee sus la toison de Gedeon : part la rester reservee pour l'advenir jusques a la consommation du siecle. Me soubvient aussy que Aristoteles maintient les parolles d'Homere estre voltigeantes, volantes, moventes, et par consequent animees.

D'advantaige Antiphanes disoyt la doctrine de Platon es parolles estre semblable, lesquelles en quelcque contree on temps du fort hiver, lors que sont proferees, gelent et glassent à la froideur de l'aer, et ne sont ouyes. Semblablement ce que Platon enseignoyt es jeunes enfans, a peine estre d'iceulx entendu, lorsque estoyent vieulx devenus. Ores seroyt a philosopher et rechercher si forte fortune icy seroyt l'endroict, onquel telles parolles degelent. Nous scrions bien esbahis si c'estoyent les teste et lyre [1] de Orpheus. Car apres que les femmes Threisses eurent Orpheus mis en pieces, elles jectarent sa teste et sa lyre dedans le fleuve Hebrus. Icelles par ce fleuve descendirent en la mer Ponticque, jusques en l'isle de Lesbos tousjours ensemble sus mer naigeantes. Et de la teste continuellement sortoyt ung chant lugubre, comme lamentant la mort de Orpheus ; la lyre a l'impulsion des vents movens les chordes accordoyt harmonieusement avecques le chant. Regardons si les voirons cy autour.

[1] Gr. § 49.

QUINZIÈME SIÈCLE

COMINES.

1445 — 1509.

*Comment le Roy Louis XI voulut induire l'empereur Federic III à
se saisir des terres que le duc de Bourgogne tenoit de l'Empire.*

La peau de l'ours.

L'an 1475 avoit envoyé le Roy, devers l'Empereur, Jehan Tiercelin Seigneur de la Brosse, pour travailler qu'il ne s'appointast avec le Duc de Bourgongne, et pour faire excuse de ce qu'il n'avoit envoyé ses Gens d'armes, comme il avoit promis, asseurant tousiours le faire, et de continuer les exploits et dommages qu'il faisoit audit Duc, bien grands, tant au pays et marches de Bourgongne, que de Picardie. Et outre luy ouvrir un party nouveau qui estoit qu'ils asseurassent bien l'un l'autre de ne faire paix ni treves l'un sans l'autre : et que l'Empereur prit toutes les Seigneuries que le dit Duc tenoit de l'Empire et qui par raison en devoient estre tenuës, et qu'il les fist declarer confisquées à luy : et que le Roy prendroit celles qui estoient tenuës de la couronne de France : comme Flandres, Artois, Bourgongne, et plusieurs autres. Combien que cet Empereur eust esté toute sa vie homme de tres-peu de vertu, si estoit-il bien entendu et pour le long-temps qu'il avoit vescu, il avoit beaucoup d'experience et puis ces partis d'entre nous et luy avoient beaucoup duré : parquoy estoit las de la guerre, combien qu'elle ne luy coustast rien : car tous ces Seigneurs d'Alemagne y estoient à leurs despens, comme il est de coustume quand il touche le faict de l'Empire. Ledit Empereur respondit aux Ambassadeurs du Roy, qu'auprés d'une ville d'Alemagne, y avoit un grand ours, qui faisoit beaucoup de mal : Trois compaignons de ladicte ville qui hantoient les tavernes, vindrent à un tavernier, à qui ils devoient, prier qu'il leur accreust encor un escot, et qu'avant deux iours le payeroient du tout : car ils prendroient cest ours, qui faisoit tant de mal, et dont la peau valoit beaucoup d'argent, sans les presens qui leur seroient faicts des bonnes gens. Ledict hoste accomplit leur demande : et quand ils eurent disné, ils allerent au lieu où hantoit cest ours ; et comme ils approcherent de la caverne, ils le trouverent plus pres d'eux qu'ils ne le pensoient. Ils eurent peur : si se mirent en fuite. L'un gaigna un arbre : l'autre fuit vers la ville : le tiers l'ours le print et le foula fort soubs luy, en luy approchant le museau fort pres de l'oreille. Le pauvre homme estoit couché tout plat contre terre, et faisoit le mort. Or ceste beste est de telle nature que ce qu'elle tient, soit homme ou beste, quand elle le voit qu'il ne se remuë plus, elle le laisse là, cuidant qu'il soit mort : Et ainsi ledict ours laissa ce pauvre homme sans luy avoir fait gueres de mal : et se retira en sa caverne : quand le pauvre homme se veit delivré, il se leva, tirant vers la ville : Son compaignon qui estoit sur l'arbre, ayant veu ce mystere, descend, court et cria apres l'autre, qui estoit devant, qu'il attendist : lequel se retourna, et l'attendit : Quand ils furent ioincts celuy qui avoit esté dessus l'arbre, demanda à son compaignon, par serment, ce que l'ours luy avoit dit en conseil, qui si longtemps luy avoit tenu le museau contre l'oreille. A quoy son compaignon luy respondit : il me disoit que jamais ie ne marchandasse de la peau de l'ours, iusques à ce que la beste fust morte. Et avec cette fable paya l'Empereur nostre Roy, sans faire autre responce à son homme.

Comment le duc de Bourgogne, faisant la guerre aux Suisses, fut chassé par eux à l'entrée des montagnes près Granson (1476).

Le Duc de Bourgongne ayant conquis toute la Duché de Lorraine et receu du Roy Sainct-Quentin, Han, et Bohain, et le meuble du Connestable, estoit en parolles avec le Roy de s'apointer : et le Roy et luy se devoient entre-veoir, sur une riviere et sem-

blable pont que celuy qui fut faict à Picquiny, à la veuë du Roy,
et du Roy Edoüard d'Angleterre : et sur cette matiere [1] alloient et
venoient gens. Et vouloit ledict Duc laisser reposer son armée :
qui estoit fort deffaicte, tant à cause de Nuz [2] que par ce peu de
guerre de Lorraine [3] : et le demeurant vouloit-il envoyer en gar-
nison en aucunes places du comté de Romont, comme aupres des
villes de Berne et Fribourg ausquelles il vouloit faire la guerre,
tant pource qu'ils la luy avoient faicte estant devant Nuz, qu'aussi
pour avoir aidé à luy oster la comté de Ferrete, et pource qu'ils
avoient osté audit Comte de Romont partie de sa terre. Le Roy le
solicitoit fort de ceste veüe, et qu'il laissast en paix ces pauvres
gens de Suisse, et qu'il reposast son armée : Lesdicts Suisses, le
sentans si pres d'eux, luy envoyerent leur Ambassade : et offroient
rendre ce qu'ils avoient prins dudict Seigneur de Romont : Ledict
Comte de Romont, le solicitoit d'autre costé de le venir secourir
en personne : Ledict Duc laissa le sage conseil, et celuy qui pouvoit estre le meilleur (comme il semble à toute sorte de gens) veu
la saison et l'estat en quoy estoit son armée : et delibera d'aller
contre eux. Entre le Roy et luy fut appointement de bailler lettre,
que pour le faict de Lorraine ils n'entreroient point en debat.

Le Duc partit de Lorraine avec ceste armée fort deffaicte et lassée,
et entra en Bourgongne ; où lesdicts Ambassadeurs de ces vieilles
ligues d'Alemaigne, qu'on appelle *Suisses*, reviudrent devers luy,
faisans plus grandes offres que devant : et outre la restitution, luy
offroient laisser toutes les alliances, qui seroient contre son vouloir (et par especial celle du Roy) et devenir ses alliez, et le servir
de six mille hommes armez, avec assez petit payement, contre le
Roy, toutes les fois qu'il les en requereroit : A rien ne voulut

[1] A ce sujet.

[2] L'évêché de Cologne vint à vaquer en 1476. Deux prétendants se présen-
tèrent, l'un était frère du landgrave de Hesse et l'autre parent du comte Palatin
du Rhin. Le duc de Bourgogne prit parti pour le second. Il mit le siége devant
Neuss, ici appelé Nuz, sur la rive gauche du Rhin, vis-à-vis de Dusseldorf : cette
place forte était occupée par le landgrave de Hesse. Louis XI suscita des ennemis au duc, entre autres les Suisses. Après plusieurs échecs Charles le Témé-
raire se vit obligé d'abandonner un siége où ses troupes épuisaient inutilement
leurs forces.

[3] Contre René II, duc de Lorraine, qui avait envoyé défier le duc de Bourgogne devant Neuss.

ledict Duc entendre : et ia le conduisoit son mal-heur. Ceux qu'on appele en ce quartier là les *Nouvelles alliances*, ce sont les villes de Basle, et de Strasbourg et autres villes Imperiales, qui sont soubs le bout de cette riviere du Rhin : lesquelles d'ancienneté avoient esté ennemies desdicts Suisses, en faveur du Duc Sigismond d'Austriche, duquel ils estoient alliez, par le temps qu'il avoit eu guerre avec lesdicts Suisses. Toutes ces villes s'allierent ensemble avec iceux Suisses, et fut faite alliance pour dix ans, et paix aussi avec le Duc Sigismond. Et se feit ladicte alliance par la conduite du Roy, et à son pourchas, et à ses depens, comme avez veu ailleurs, à l'heure que la comté de Ferrete fut ostée des mains du Duc de Bourgongne, et qu'à Basle firent mourir messire Pierre d'Archambault Gouverneur dudict pays pour ledict Duc : lequel Archambault fut bien cause de cest inconvenient, qui fut bien grand pour ledict Duc : car tous ses autres maux en vindrent. Un Prince doit bien avoir l'œil sur les Gouverneurs qu'il met en un païs nouvellement ioinct à sa Seigneurie : car en lieu de traiter les subiects en grande douceur et en bonne iustice, et faire mieux qu'on ne leur avoit faict le temps passé, cestui-cy feit tout le contraire : car il les traicta en grande violence, et en grande rapine : et mal luy en print, et a son maistre, et a maint homme de bien. Ceste alliance que le Roy conduisit, dont i'ay parlé, tourna depuis à grand profit au Roy, et plus que la pluspart des gens n'entendent : et crois que ce fut une des plus sages choses qu'il feist onques en son temps, et plus au dommage de tous ses ennemis : car le Duc de Bourgongne deffaict, onques puis ne trouva le Roy de France homme qui osast lever la teste contre luy, ne contredire à son vouloir : J'enten de ceux qui estoient ses subiects et en son Royaume : car tous les autres ne nageoient que soubs le vent de cestuy-là : Voylà pourquoy fut grande œuvre d'allier le Duc Sigismond d'Austriche, et ceste Nouvelle alliance avec les Suisses, dont si long temps avoient esté ennemis ne se fit point sans dépense, et sans faire maint voyage.

Apres que le Duc de Bourgongne eut rompu aux Suisses l'esperance de pouvoir trouver appoinctement avec luy, ils retournerent advertir leurs gens, et s'apprester pour se deffendre : et luy approcha son armee du pays de Vaux en Savoye, que lesdicts Suisses avoient prins sur monseigneur de Romont, comme dict est : et print trois ou quatre places qui estoient à monseigneur de Chasteau-

guion, que lesdicts Suisses tenoient et les deffendirent mal : et de
là alla mettre le siege devant une place, appellée Granson : laquelle estoit aussi audict seigneur Chasteau-guion, et y avoit
pour lesdicts Suisses, sept ou huict cens hommes bien choisis,
pource que c'estoit auprès d'eux : et la vouloient bien deffendre.
Ledict Duc avoit assez grande armée : car de Lombardie luy venoient à toute heure gens, et des subiects de ceste maison de Savoye : et il aimoyt mieux les estrangers que ses subiects, dont il pouvoit finer assez et de bons ; mais la mort du Connestable luy ai-
doit bien à avoir deffiance d'eux, avec d'autres imaginations : Son
artillerie estoit tres-grande et bonne : et estoit en grande pompe
en cest ost, pour se monstrer à ces Ambassadeurs, qui venoient
d'Italie et d'Alemaigne : et avoit toutes ses meilleures bagues et
vaisselles, et largement autres paremens, et avoit de grandes fan-
tasiès en sa teste, sur le faict de ceste Duché de Milan, où il s'attendoit d'avoir des intelligences. Quand le Duc eut assiegé, ladicte
place de Granson et tiré par[1] aucuns iours, se rendirent à luy
ceux de dedans à sa volonté : lesquels il feit tous mourir : Les
Suisses s'estoient assemblez, non point en grand nombre, comme
i'ay ouy parler à plusieurs d'entr'eux (car de leurs terres ne se
tirent point les gens qu'on cuide et encores moins lors, que maintenant : car depuis ce temps-là, la pluspart ont laissé le labeur
pour se faire gens de guerre) et de leurs alliez, en avoient peu
avec eux : car ils estoient contraincts se haster pour secourir la
place : et comme ils furent aux champs, ils sceurent la mort de
leurs gens.

Le Duc de Bourgongne, contre l'opinion de ceux à qui il en[2]
demandoit, delibera d'aller au devant d'eux, à l'entrée des montai-
gnes où ils estoient encores, qui estoit bien son desavantage : car il
estoit bien en lieu advantageux pour les attendre, et clos de son
artillerie, et partie d'un lac : et n'y avait nulle apparence qu'ils
luy eussent sceu porter dommage : Il avoit envoyé cent archers
garder certain pas à l'encontre de ceste montagne : et luy se mit
en chemin : et rencontrerent ces Suisses la pluspart de son armée,
estant encore en la plaine : Les premiers rangs de ses gens cuidoient retourner pour se reioindre avec les autres : mais les me-

----

[1] Lex.

[2] *En* se rapporte à opinion.

nuës gens qui estoient derriere, cuidans que ceux là fuissent [1],
se mirent à la fuite : et peu à peu se commença à retirer cette
armée vers le camp , faisans aucuns tresbien leur devoir. Fin de
compte, quand ils vindrent iusques à leur ost, ils ne s'oserent deffendre : et tout se mit à la fuite : et gagnerent les Alemans son
camp et son artillerie, et toutes les tentes et pavillons de luy et
de ses gens (dont il y avoit grand nombre) et d'autres biens infinis :
car rien ne se sauva que les personnes : et furent perdües toutes
les grandes bagues dudict Duc : mais de gens, pour cette fois, ne
perdit que sept hommes d'armes. Tout le demeurant fuit, et luy
aussi. Il se devoit mieux dire de luy, *qu'il perdit honneur et che-*
vance ce jour, que l'on ne fit du Roy Jehan de France qui vaillamment fut pris à la bataille de Poictiers.

Voicy la premiere male fortune, que ce Duc eut jamais eu en
toute sa vie : De toutes ses autres entreprises il en avait eu l'honneur ou le profit. Quel dommage luy advint ce jour, pour user de
sa teste, et mespriser conseil ? Quel dommage en receut sa maison,
et en quel estat en est-elle encores, et en adventure d'estre d'icy à
long-temps? Quantes sortes de gens luy en devindrent ennemis, et
se declarerent, qui le jour de devant temporisoient avec luy, et se
feignoient amis ? Et pour quelle querelle commença cette guerre ?
ce fut pour un chariot de peaulx de mouton, que monseigneur de
Romont print à un Suisse, en passant par sa terre : Si Dieu n'eust
delaissé ledict Duc, il n'est pas apparent qu'il se fust mis en peril,
pour si peu de chose veu les offres qui luy avoient esté faictes, et
contre quelles gens il avoit à faire, où il n'y pouvoit avoir nul
acquest, ne nulle gloire : Car pour lors les Suisses n'estoient point
estimez comme ils sont pour ceste heure : et n'estoit rien plus
pauvres : et ay ouy dire à un chevalier des leurs qui avoit esté des
premiers Ambassadeurs, qu'ils avoient envoyez devers ledict Duc,
qu'il luy avoit dit en faisant leurs remonstrances, pour le desmou-
voir de cette guerre que contre eux ne pouvoit rien gaigner : car
leur pays estoit très-sterile et pauvre : et qu'ils n'avoient nuls bons
prisonniers [2] : et qu'il ne croyoit pas que les esperons et mords des
chevaux de son ost, ne vaulsissent plus d'argent que tous ceux de
leurs territoires ne sçauroient payer de finances, s'ils estoient prins.

[1] Gr. § 78.
[2] Point de gens qui, devenant prisonniers, pussent payer une bonne rançon.

Retournant à la bataille, le Roy fut bien tost adverty de ce qui estoit advenu : car il avoit maintes espies et messagers par païs, la pluspart depeschez par ma main : et en eut tres-grande ioye, et ne luy desplaisoit que du petit nombre de gens qui avoient esté perdus : et se tenoit ledict Seigneur, pour ces matieres icy à Lyon, pour pouvoir plus souvent estre adverty, et pour donner remede aux choses que cest homme embrassoit : car le Roy qui estoit sage, craignoit que par force ne ioignist ces Suisses à luy : De la maison de Savoye, ledict Duc en disposoit comme sien. Le Duc de Milan estoit son allié. Le Roy René de Cecile [1] luy vouloit mettre son païs de Provence entre les mains : et si les choses fussent advenües, il tenoit de païs depuis la mer de Ponant jusqu'à celle de Levant en son obeissance : et n'eussent ceux de nostre Royaume eu saillie sinon par mer, si ledict Duc n'eust voulu, tenant Savoye, Provence, et Lorraine : Vers chascun d'eux le Roy envoyoit : L'une estoit sa sœur, madame de Savoye, extreme pour ledict Duc : L'autre estoit son oncle, le Roy René de Cecile : qui a grande peine escoutoit ses messagers, mais envoyoit tout au Duc de Bourgongne. Le Roy envoyoit aussi vers ces ligues d'Alemaigne : Mais c'estoit à grande difficulté, pour les chemins, et y falloit envoyer mendiens, pelerins et semblables gens. Lesdites villes respondirent orgueilleusement, disans, *Dictes au Roy que s'il ne se declare, nous nous appointerons, et nous declarerons contre luy.* Il craignoit qu'ainsi ne le feissent. De se declarer contre ledit Duc n'avoit nul vouloir : mais craignoit bien encores qu'il ne fust nouvelle [2] de ses messagers qu'il envoyoit par païs.

Comment les Suisses deffirent en bataille le Duc de Bourgongne pres la ville de Morat.

Pour revenir au Duc de Bourgongne, il ramassoit gens de tous costez : et en trois semaines s'en trouva sus grand nombre, qui le iour de la bataille s'estoient escartez Il seiourna à Losane en Savoye : où vous, Monseigneur de Vienne, le servistes de bon con-

[1] Sicile.
[2] Lex.

seil, en une grande maladie qu'il eut de douleur et de tristesse, de cette honte qu'il avoit receüe. Et à bien dire la verité, ie croy que iamais depuis il n'eut l'entendement si bon qu'il avoit eu auparavant ceste bataille. De ceste grande assemblée et nouvelle armée, qu'il avoit faicte, i'en parle par le rapport de monseigneur le Prince de Tarente [1] qui le compta au Roy en ma presence. Ledict Prince, environ un an avant, estoit venu vers ledict Duc, tresbien accompaigné, esperant d'avoir sa fille et seule heritiere : et sembloit bien fils de Roy, tant de sa personne que de son accoustrement et de sa compagnie : et le Roy de Naples, son pere, monstroit bien n'y avoir rien espargné : Toutesfois ledict Duc avoit dissimulé ceste matiere et entretenoit pour lors Madame de Savoye, pour son filz, et autres : parquoy ledict prince de Tarente, appellé Dom Federic d'Arragon, et aussi ceux de son conseil, mal contens des delays envoyerent devers le Roy un officier d'armes bien entendu : lequel vint supplier au Roy donner sauf-conduit audict Prince, pour passer par le Royaume et retourner vers le Roy son pere, lequel l'avoit mandé : Le Roy l'octroya tres-volontiers ; et luy sembloit bien que c'estoit à la diminution du credit et renommée dudict Duc de Bourgongne. Toutesfois avant que le messager fust de retour, estoient ia assemblées plusieurs des Ligues d'Alemaigne, et logées auprès dudict Duc de Bourgongne. Ledict Prince print congé dudict Duc, le soir de devant la bataille, en obeissant au mandement du Roy son pere : car à la premiere bataille s'estoit trouvé comme homme de bien. Aussi disent aucuns qu'il usa de vostre conseil, Monseigneur de Vienne, car ie luy ay ouy dire et tesmoigner, quand il fut devers le Roy arrivé, et au Duc d'Ascoly, appellé le Comte Julio et à plusieurs autres : et que de la premiere et seconde bataille avez escrit en Italie, et dict ce qui en advint plusieurs iours avant qu'elles fussent faictes.

Comme i'ay dit au partement dudict Prince, estoient logées plusieurs de ces Alliances assez pres dudict Duc : et venoient pour le combatre, allans lever le siege qu'il avoit devant Morat, petite ville pres de Berne, qui appartenoit à monseigneur de Romont. Lesdicts alliez, comme il me fut dict par ceux qui y estoient, pouvoient bien estre trente et un mille hommes de pied, bien choi-

---

[1] Frédéric, fils de Ferrand, depuis roi de Naples.

sis et bien armez : c'est à sçavoir onze mille Piques, dix mille Hallebardes, dix mille Couleurines [1], et quatre mille Hommes-à-cheval. Lesdictes Alliances n'estoient point encores toutes assemblées : et ne se trouva à la bataille que ceux dont i'ay parlé, et suffisoit bien. Monseigneur de Lorraine y arriva à peu de gens, dont fort bien luy en print depuis : car ledict Duc de Bourgongne tenoit lors toute sa terre. Audit Duc de Lorraine print bien de ce qu'on s'ennuyoit de luy en nostre court : et croy bien qu'il ne sceut iamais la verité : mais quand un grand homme a tout perdu le sien, il ennuye le plus souvent à ceux qui le soustiennent. Le Roy luy avoit donné un petit d'argent, et le feit conduire avec bon nombre de Gens d'armes au travers du païs de Lorraine : lesquels le mirent en Alemaigne et puis retournerent. Ledict Seigneur de Lorraine n'avoit pas seulement perdu son païs de Lorraine, la Comté de Vaudemont, et la pluspart de Barrois : car le demeurant le Roy le tenoit : ainsi ne luy estoit rien demouré : Et qui pis estoit, tous ses subiects avoient fait serment audict Duc de Bourgongne, et sans contrainte : et jusques aux serviteurs de sa maison : parquoy sembloit qu'il y eut peu d'espérance à son faict : toutesfois Dieu demeura tousiours le juge pour determiner de telles causes, quand il luy plaist.

Apres que le Duc de Lorraine fut passé, comme i'ay dit, et quand il eut chevauché aucuns iours, il arriva vers lesdictes Alliances, peu d'heures avant la bataille, et avec peu de gens : et luy porta ce voyage grand honneur, et grand profit : car si autrement en fust allé, il eust trouvé peu de recueil : Sur l'heure qu'il fut arrivé, marchoient les batailles d'un costé et d'autre : car lesdictes Alliances avoient ia esté logées, trois iours ou plus, aupres du Duc de Bourgongne en lieu fort. A peu de deffence fut desconfit ledict Duc, et mis en fuite : et ne luy print point comme de la bataille precedente, où il n'avoit perdu que sept Hommes-d'armes. Et cela advint pour ce que lesdicts Suisses n'avoient point de Gens-de-cheval : Mais à ceste heure cy, dont ie parle, qui fut pres Morat, y avoit de la part desdites Alliances quatre mille Hommes-de-cheval bien montez, qui chasserent tresloing les gens dudict Duc de Bourgongne : et si ioignirent leur Bataille-à-pied avec les Gens-de-

[1] Lex.

pied dudict Duc, qui en avoit largement : car sans ses subiects et aucuns Anglois qu'il avoit en grand nombre, il luy estoit venu de nouveau beaucoup de gens du païs de Piedmont et autres des subiects du Duc de Milan, comme i'ay dit : et me dist ledict Prince de Tarente, quand il fut arrivé devers le Roy, que iamais n'avoit veu une si belle armée : et qu'il avoit compté et fait compter l'armée en passant sur un pont : et y avoit bien trouvé vingt et trois mille hommes de soulde, sans le reste qui suyvoit l'armée, et qui estoit pour le faict de l'artillerie. A moy me semble ce nombre tres-grand, combien que beaucoup de gens parlent de milliers, et font les armées plus grosses qu'elles ne sont et en parlent legerement. Le seigneur de Contay, qui arriva vers le Roy, tost apres la bataille, confessa au Roy, moy present, qu'en ladicte bataille estoient morts huit mille hommes, du party du Duc, prenans gages de luy, et d'autres menües gens assez. Et crois à ce que i'en ay peu entendre, qu'il y avoit bien dix huit mille personnes en tout : et estoit aisé à croire, tant pour le grand nombre de Gens-de-cheval, qu'il y avoit, qu'avoient plusieurs seigneurs d'Alemaigne, qu'aussi pour ceux qui estoient encores au siege devant ledict Morat. Le Duc fuit iusques en Bourgongne, bien desolé comme raison estoit : et se tint en un lieu appellé la Riviere, où il rassembloit des gens tant le qu'il pouvoit. Les Allemans ne chasserent que ce soir, et puis se retirerent sans marcher apres luy.

Digression sur quelques bonnes mœurs du Duc de Bourgongne, et sur le temps que sa maison dura en prosperité.

J'ay depuis veu un signet à Milan, que maintefois avoye veu pendu à son pourpoint : qui estoit un anneau, et y avoit un fuzil entaillé en un Camayeu, où estoient ses armes : lequel fut vendu pour deux ducats au lieu de Milan. Celuy qui luy osta, luy fut mauvais varlet de chambre : Je l'ay veu maintesfois habiller et deshabiller en grande reverence, et par grans personnages : et à ceste derniere heure luy estoient passez ses honneurs. Dieu luy veuille pardonner ses pechez : Je l'ay veu grand et honorable

Prince, et autant estimé et requis de ses voisins, un temps a esté [1],
que nul Prince qui fust en Chrestienté, ou paraventure plus. Je
n'ay veu nulle occasion pourquoy plus tost il deust avoir encouru
l'ire de Dieu, que de ce que toutes les graces et honneurs, qu'il avoit
receus en ce monde, il les estimoit tous estre procedez de son sens
et de sa vertu, sans les attribuer à Dieu, comme il devoit. Et à la
verité, il avoit de bonnes et vertueuses parties en luy. Nul Prince
ne le passa iamais de desirer nourrir grans gens, et les tenir
bien riglez. Ses bien-faicts n'estoient point fort grans, pour ce
qu'il vouloit que chascun s'en sentist. Jamais nul plus liberale-
ment ne donna audience à ses serviteurs et subiects. Pour le temps
que ie l'ai congnu il n'estoit point cruel : mais le devint peu avant
sa mort (qui estoit mauvais signe de longue durée) [2] et estoit fort
pompeux en habillemens, et en toutes autres choses, et un peu
trop. Il portoit fort grand honneur aux Ambassadeurs, et gens
estranges. Ils estoient fort bien festoyez, et recueillis chez luy :
Il desiroit grand gloire, qui estoit ce qui plus le mettoit en ses
guerres que nulle autre chose : et eust bien voulu ressembler à ces
anciens Princes, dont il a esté tant parlé, apres leur mort : et estoit autant hardy comme homme qui ait regné de son temps.

Or sont finies toutes ces pensées : et le tout tourné à son preiu-
dice et honte [3] : car ceux qui gaignent, ont tousiours l'honneur. Je
ne sçauroye dire vers qui nostre Seigneur s'est monstré plus cour-
roucé, ou vers luy, qui mourut soudainement, et en ce champ
sans gueres languir, ou vers ses subiects, qui oncques puis n'eurent bien ne repos, mais continuellement guerre : contre laquelle
ils n'estoient suffisans de resister aux troubles qu'ils avoient les
uns contre les autres, et en guerre cruelle et mortelle. Et ce qui
leur a esté plus fort à porter, a esté que ceux qui les deffendoient,
estoient gens estrangers, qui nagueres avoient esté leurs ennemis : c'estoient les Alemans. Et en effect, depuis ladicte mort n'eurent iamais homme qui bien leur voulsist, de quelques gens qu'ils
se soient aidez.

Et a semblé à voir leurs œuvres, qu'ils eussent les sens aussi trou-
blez, comme leur Prince un peu avant sa mort : car tout bon conseil

---

[1] C'est-à-dire : Il y a eu un temps, autrefois.
[2] Signe qu'il ne durerait pas longtemps
[3] Gr. § 60.

ils ont deietté, et cherché toutes voyes qui leur estoient nuysibles, et sont en chemin que ce trou ne leur fauldra de grande piece, ou au moins la crainte d'y recheoir.

Je seroye assez de l'opinion de quelque autre que i'ay veu, c'est que Dieu donne le Prin ce, selon qu'il veult punir ou chastier les subjects : et au Prince les subiects, ou leurs courages [1] disposer envers luy, selon qu'il veult elever ou abaisser : et ainsi fut ceste maison de Bourgongne à fait tout egal : car apres leur longue felicité et grandes richesses, et trois grands Princes bons et sages, precedens cestuy-cy, qui avoient duré six vingts ans ou plus, en bon sens et vertu, il leur donna ce Duc Charles, qui continuellement les tint en grande guerre, travail et despense, et presque autant aux iours d'hyver qu'en ceux d'esté, tant que beaucoup de gens riches et aisez, furent morts et destruicts par prison en ces guerres. Les grandes pertes commencerent devant Nuz, qui continuerent par trois ou quatre batailles, jusques à l'heure de sa mort : et tellement qu'à ceste derniere bataille estoit consommée toute la force de son païs, et morts ou destruicts ou pris toutes ses gens, qui eussent sceu ou voulu deffendre l'estat et l'honneur de sa maison. Et ainsi comme i'ay dit, semble que ceste perte ait esté egale au temps qu'ils ont esté en felicité : car comme ie dy, l'avoir veu grand, riche et honoré, encores puis-ie dire avoir veu tout cela en ses subiects : car je cuide avoir veu et connu la meilleure part d'Europe : toutesfois ie n'ay connu nulle Seigneurie ne païs, tant pour tant, ny de beaucoup plus grande estendue encores, qui fust tant abondant en richesses, en meubles, et en edifices, et aussi en toutes prodigalitez, despences, festoyemens et cheres, comme ie les ay veus, pour le temps que ie n'y estoye. Et s'il semble à quelcun, qui n'y ai point esté pour le temps que ie dy, que i'en die trop, d'autres qui y estoient comme moy paraventure diront que i'en dy peu. Or a nostre Seigneur tout à un coup fait choir si grand et sumptueux edifice, cette puissante maison, qui a tant soustenu de gens de bien et nourry, et tant esté honorée et pres et loin, et par tant de victoires et de gloires, que nul autre à l'environ n'en reçeut autant en son temps.

[1] Lex.

CHARTIER.

1386 — 1458.

Jeanne d'Arc. Levée du siége d'Orléans.

Celuy an[1] ce mesme temps de Karesme, arriva vne jeune fille de
l'eage de dixhuict à vingt ans, par deuers le Roy au Chastel de Chinon nommee Jehanne du Liz la Pucelle, laquelle estoit née et
nourrie de aupres de Vaucoulour, d'vn villaige assis dessus la
riuiere de Meuse, et auoit esté toute sa ieunesse iusques à celle
heure à garder les brebis : et vint deuant le Roy en le saluant, et
luy dit ces parolles : Que nostre Seigneur l'enuoyoit deuers luy
pour le mener couronner à Reims, et pour leuer le siege que les
Anglois tenoient deuant la bonne cité d'Orleans, et que Dieu à la
priere des Saincts ne vouloit point que la dite cité feust prinse ne
perie. Et à ces parolles le Roy la fist examiner par plusieurs sages
docteurs de son royaume, ausquels elle respondit sagement, et par
bonne maniere : et tellement que tous les Docteurs estoient d'opinion que son faict, son dit et ses parolles estoient dictes et faictes
par miracle de Dieu. Et pour ce fut dit et ordonné en grant deliberation de conseil, que pour faire et accomplir les choses que
elle auoit dictes, en intention de commancer et acheuer au plaisir
de Dieu, on luy bailleroit cheuaux, harnois, et gens pour l'accom-
paigner, et veoir son fait, et que ce seroit. Et fut tout fait conseillé et ordonné audit chastel de Chinon, durant le temps de Karesme que vng chascun estoit en deuotion. Et la conduisoit le
Mareschal de Rieux, et le Sire Cuelant, l'un Mareschal, et l'autre
Admiral de France.

L'an mil CCCC. vingt et neuf fut leué le siege d'Orleans le dou-
ziesme iour de May. Et en ce temps se partit ladicte Pucelle du
chastel de Chinon, et print congié du Roy et cheuaucha tant par
ses iournees[2], qu'elle arriua dedans la bonne cité d'Orleans maul-

[1] 1428.
[2] Lex.

gré les Anglois et leur enuoya lettres par vn herault publicque-
ment deuant tout le monde, qu'ils s'en allassent et que Dieu le
vouloit, ou sinon qu'il leur mescherroit, et que Dieu se courrou-
ceroit à eux s'ils faisoient le contraire. Lesdits Anglois prindrent
ledit herauldt, et iugerent qu'il seroit ars, et firent faire l'atta-
che pour le ardoir. Et toutesuoies auant qu'ils eussent l'opinion
et conseil de ceulx de l'Université de Paris de ce faire, ils furent
leuez, morts [1] et desconfits, et partirent si hastiuement qu'ils lais-
sierent en leurs logeis ledict herault enferré et s'en fouirent. Ladicte Pucelle visita les bastilles qu'ils auoient emparees [2]. Et estoient auecques elle le sire de Rieux Mareschal de France, le bastard d'Orleans, et Messire Loys de Cullant Admiral, et plusieurs
autres Cheualiers et Escuyers dessus nommez. Et le landemain se
partit ladicte Pucelle d'Orleans, et s'en vint à Blois pour auoir
gens et viures. Et ce fait vint audit Orleans à tout vne grosse
puissance de gens-d'armes. Et si tost que elle fut entree en ladicte ville, le peuple se partit d'Orleans du grand vouloir qu'ils
auoient d'estre hors de la seruitude desdits Anglois, et assaillirent
la Bastille de sainct Lo, que les Anglois auoient prinse. Mais
quant ils furent à mie-chemin ils apperceurent que le feu estoit
dedens, et que elle estoit perdue pour eulx. Et estoient allez
Monseigneur le bastard d'Orleans, le Sire de Rieux, et plusieurs
autres, quant ils sceurent que le peuple estoit esmeu d'y aller : et
fut le commencement du siege leué. Et là furent morts et ars
soixante Anglois, et vingt deux prisonniers qui furent à Monseigneur le bastard d'Orleans. Et tenoit ceste dicte Bastille un Capitaine Anglois nommé Thomas Guerart, lequel estoit à Montereau,
dont il estoit Capitaine pour lesdits Anglois. Et ce soir passerent
les François en bateaux la ruiere de Loire, et allerent assaillir les
bastilles du costé du Beausse, et puis celle des Augustins deuant
la porte du pont, et les prindrent. Et ce soir se retrahirent lesdits
François en ladicte ville, et ladicte Pucelle auecques eulx, et
une partie des gens-d'armes demourerent au champ toute nuict.
Et le lendemain au matin, qui estoit iour de Samedy, lesdits François passerent derechief ladite riuiere pour assaillir la Bastille du

[1] Lex.
[2] Lex.

pont, et donnerent l'assault de toutes parts à ladicte Bastille du pont, depuis le midy iusques au soleil couchant, et tant que par force d'armes ladicte Bastille fut prinse. Et y moururent les Seigneurs de Pongnis, et de Molins, et un Capitaine nommé C¹aridas Anglois, lequel estoit Capitaine d'icelle Bastille. En se cuidant retraire dedens la tour du bouleuart, le pont fondit [1], et luy et tous ceux qui estoient sur ledit pont fondirent en la riuiere de Loire. Et là dedens furent que morts que prins de quatre à cinq cens Anglois. Et le landemain au matin, qui fut le Dimenche, se leuerent les Anglois de deuant Orleans et s'en allerent à Mehun sur Loire la plus part à pié, et laisserent leurs bastilles, viures, et artillerie, dont ceulx de ladite ville d'Orleans furent moult refaits. Et eurent assez grant confort des viures qu'ils trouuerent esdictes bastilles.

Entrée de Charles VII à Paris.

Le quatriesme iour de Novembre [2] le Roy se partit de sainct Denys, et vint à Paris accompaigné de Monseigneur le Daulphin, et de Messire Charles d'Anjou son cousin, et frere de la Royne, Monseigneur le Connestable, les Comtes de la Marche, de Vendosme, de Tancaruille, et de Vertuz, Monseigneur le bastard d'Orleans, et grant foison d'autres Seigneurs et Barons de son Royaume. Ceulx de Paris vindrent au deuant du Roy iusques à la Chappelle sainct Denys. C'est assauoir le Preuost de Paris, le Preuost des Marchans, les Escheuins, et grant foison de notables bourgeois de ladite ville de Paris qui estoient en grands et riches habillemens. Et pareillement y vint l'Evesque de Paris accompaigné grandement des gens d'Eglise de ladite Cité. Apres vint le premier President de Parlement, et auecques luy tous les Seigneurs de Parlement, et apres vindrent les Recteur, Docteurs, et Maistres en Theologie, et plusieurs autres estudians et clercs de l'Vniuersité

[1] Lex.
[2] 1437.

de Paris, et les Seigneurs de la Chambre des Comptes. Le Roy
receut tous les Estats dessusdits, qui estoient venus au deuant de
luy, luy faire la reuerance, moult doulcement et humblement : et
ainsi arriua au Ponceau sainct Ladre. Et là vindrent au deuant de
luy montez sur diverses bestes en maniere de personnages des sept
vertus et des sept peschiez mortels moult bien faiz et habillez. Et
à l'entree de la porte sainct Denys vn enfant en guise d'vn angele,
qui portoit vn escu d'azur à trois fleurs de lys d'or, et sembloit
qu'il vollast, et descendist du ciel. Le Roy estoit armé de toutes
pieces sur un beau coursier et auoit vn cheval couvert de velours
d'azur en couleur semé de fleurs de lys d'or d'orfaurerie ; et deuant
luy son premier Escuyer d'escuyerie sur vn coursier couuert de fin
blanchet et d'orfaurerie semé de cerfs vollans. Et estoient quatre
coursiers pareilz, dont y auoit trois Cheualiers auecques l'Escuyer,
leurs coursiers pareillement couuerts que l'Escuyer, et eux habillez
en armes de tous harnois. Et portoit ledit harnois une couronne
d'or : et au milieu sur la croupe vne grosse fleur de lys d'or
moult riche : et son Roy-d'armes deuant luy portant sa cocte d'armes
moult riche, de velours azuré à trois fleurs de liz d'or, de brodeure : et estoient les fleurs de liz d'or brodees de grosses perles.
Et vn autre Escuyer d'escuyerie sur un grant destrier, qui portoit
vne grant espee en escharpe qui estoit toute semee de fleurs de liz
d'or d'orfaurerie. Et puis devant estoient les Heraulz des Princes
de ce Royaume, et d'autres Roys et Princes des estrangiers, por-
tans les coctes d'armes des Seigneurs à qui ils estoient. Et plus
deuant estoient les Archiers de son corps en plus grands habillemens. Et plus deuant estoient ceulz de Messire Charles d'Anjou
comte du Maine, et estoient à ces deux compaignies de cent à six
vingts Archiers. Et plus deuant estoit Monseigneur de Grauille, et
huicts cens Archiers souz luy. Du costé du Roy estoit à la dextre
derriere luy Monseigneur le Connestable vn gros baston en son
poing : et à la senestre Monseigneur le Comte de Vendosme grant
Maistre d'hostel du Roy. Et plus derriere du Roy estoit Monseigneur le Daulphin moult richement habillé, et couuert d'orfaurerie. Et à la dextre de mondit Seigneur le Daulphin estoit Messire
Charles d'Anjou : et à sa senestre estoit Monseigneur le Comte de
la Marche. Puis apres Monseigneur le Daulphin estoient les paiges
du Roy, de mondit Seigneur le Daulphin, et ceulx des autres Sei-

gneurs et Princes, chacun selon son degré, chevauchans moult richement vestuz de diuerses manieres : et leurs chevaulx couuerts
et enharnachez d'orfaurcrie et de brodeure. Apres venoit Monseigneur le bastard d'Orléans armé de toutes pieces, qui gouvernoit
la bataille, et estoit sur vn gros coursier conuert d'vn moult riche
drap d'or jusques aux pieds de mesmes, tenant en son poing vn
gros baston, et sur ses espaulles une grosse chaisne d'or à grands
fueilles de chesne qui pesoit cinquante marcs. Et derriere luy
cheuauchoit vn Escuyer d'escuyerie du Roy monté sur un grant
destrier portant en sa main vne lance vermeille, paincte d'estoilles
de fin or. Et en sa lance auoit vn estendard, où estoit dedens Monseigneur sainct Michel l'Angele : et le champ de l'estendart estoit
tout semé d'estoilles d'or. Et apres son estendart venoient huict
cens fusts de lance, où il y avoit Barons, Cheualiers, et Escuyers et
plusieurs Capitaines qui estoient habillez moult richement, et leurs
cheuaulx couuerts d'orfaurerie blanche, les autres de drap d'or,
et de velours, de drap de damas, de soye et de laine. Et en ceste
maniere entra le Roy dedens Paris. Et luy fut apporté à l'entree
de la ville vn drap d'or, que les quatre Escheuins porterent à quatre bastons dessus le Roy. Toutes les rues et les fenestres estoient
pleines de monde. Et deuant les filles Dieu auoit vne fontaine, dont
l'un des tuyaulz gettoit laict, l'autre vin vermeil, l'autre vin blanc,
l'autre eauë[1], et gens tenans tasses d'argent, pour donner à boire
à ceulz qui passoient s'il leur plaisoit, duquel qu'ilz vouloient.
Tout au long de la grant rue sainct Denys aupres d'vn iect de
pierre l'vn de l'autre, estoient faits eschaffaulx bien et richement
tenduz, où estoient faiz par personnages l'Annonciation nostre
Dame[2], la Nativité nostre Seigneur, sa Passion, sa Resurrection,
la Pentecoste, et le Jugement, qui seoit tres-bien. Car il se iouoit
deuant le Chastellet où est la iustice du Roy. Et emmy la ville auoit
plusieurs autres ieux de diuers mysteres, qui seroient trop longs
à racompter. Et là venoient gens de toutes parts crians Noel, et
les autres plouroient de ioye. Le Roy cheuaucha depuis la porte
sainct Denys iusques à nostre Dame de Paris en l'ordonnance des-
susdite, et descendit à la porte de ladicte Eglise, et alla faire son

[1] Gr. § 54.
[2] Gr. § 48.

oraison : et tost apres monta à cheual et s'en vint en son Palais, où il fut grandement receu, et là souppa et coucha, et fut faite grand feste. Et le lendemain vint ouyr sa Messe en la saincte Chappelle du Palais : et de là monta à cheual, et vint au long de la grant rue sainct Anthoine descendre en son hostel pres de la Bastille. Et là ceulx de Paris, de Parlement, et de l'Vniuersité, luy vindrent faire plusieurs requestes, lesquelles il leur octroya moult benignement.

QUINZIÈME ET QUATORZIÈME SIÈCLES

CHRISTINE DE PIZAN.

1363 — 1420.

Ci dit de la vertu de justice ou roy Charles[1].

Comme dit le philozophe, « nul ne doit estre appellé sage, se bonté ne l'esclaire, » laquelle est le principe de sapience, avec la crainte de nostre Seigneur, comme dit le psalmiste.

Or, soit donques traictié des vertus ou bontez d'icelluy Roy que nous disons sage, lequel, à l'exemple du bon empereur Trayan et mains autres jadis ameurs de justice, comme nous lisons, fu[2] celluy Charles, pillier d'icelle ; et en telle maniere la gardoit que si hardis ne fust, ne tant grant prince, en son royaume, ne amé serviteur, qui extorcion osast faire à homme, tant fust[3] petit.

Et, entre les exemples qui en pourroyent estre dis : une foiz avint que un chevalier de sa court donna une buffe à un sergent faisant son office, de laquelle chose à tres grant peine pot[4] estre desmeu le Roy par prieres de ses plus amez princes, que icelluy chevallier n'encourust la loy et rigueur de justice, qui est, en tel cas, copper le poing ; toutesfoiz onques depuis ne fu en grace comme devant.

Item, à un Juif semblablement fist droit d'un tort et extorcion, que un Chrestien luy avoit faicte, et fu de luy avoir baillié un fauls

---

[1] Charles V, dit *le sage*, dont Christine de Pizan a écrit la *vie*.

[2] Gr. § 23.

[3] Gr. § 27.

[4] Gr. § 76.

gage pour bon; et volt [1] le Roy que la simplece du Juif fust vain-
queresse de la malice du Crestien ; et comme il faist droit aux
Juifs, n'est mie doubte qu'à toute personne vouloit que il fust entierement tenuz : et se, au contraire, luy venist [2] à cognoissance
d'aucun de ses justiciers, en exemple donnant aux autres juges de
bien et sagement gouverner [3] justice, tantost commandoit qu'il fust
desmis et punis selon sa desserte.

De mains cas particuliers luy mesme fist droit par bonne équité,
et comme il est escript de l'empereur Trayan prealegué, que, une
foiz, comme il fust jà montez sur son destrier pour aler en bataille, une femme grevée de tort, à luy venue complaignant, ar-
restast tout son host, descendy, [4] donnant sentence droicturiere
pour la vefve.

Ci dit de la benignité et clemence du Roy Charles.

Notons quans grans princes, barons et chevaliers vindrent à luy
subjuguez, à mercy, non pas seulement comme estoit Tigran, estrange aux Romains, mais ses propres hommes et subgiez d'an-
cien droit et seigneurie, rebelles contre Sa Magesté, que il receut
à mercis tant de foiz et si doulcement pardonna, non pas seulement traicta amiablement, mais donna tres largement du sien,
comme plus pleinement peut apparoir esdites croniques, qui de
ce font mencion ; mais j'en passe les noms, car n'affiert à ma personne et ne vouldroye ramentevoir chose à l'opprobre d'aucune
noble ligniée qui indigner s'en pourroit.

Et, si comme il est escript de la debonnaireté du Roy Pirrus
tres vaillant, dit Valere, que comme il luy fust rapporté que ve-
neurs, buvans en taverne, en la cité de Tarante, disoyent mal de
luy, il les manda et leur demanda s'ainssy estoit : et comme ilz
respondirent, « se le vin ne fust sitost faillis, ce que on t'a rapporté

[1] Gr. § 76.
[2] Gr. § 26.
[3] Gr. § 86.
[4] Gr. § 23.

envers [1] ce que nous eussions dit ne fust [2] que jeux ; » et ainssi, la simple confession de la verité tourna l'ire du Roy en ris.

Plus grant sens en debonnaireté povons dire de nostre prince, lequel, une foiz ou [3] temps des pestillences de France, encore n'estoit couronné, entra à Paris en grant compaignie, apres une grant commocion en la ville qui contre luy ot esté, et ainssi comme il passoit par une rue, un garnement traitre oultre cuidié, par trop grant presumpcion, va dire si hault qu'il le pot oyr : « Par Dieu, Sire, se j'en feusse creus, vous n'y fussiez jà entrés [4] ; mais au fort, on y fera peu pour vous. » Et, comme le conte de Tancarville, qui droit devant le Roy chevauchoit, eust oye [5] la parolle, voulsist [6] aler tuer le villain, le bon prince le retint et respondi, en sousriant, comme se il n'en tenist [7] conte : « On ne vous en croira pas, beau sire. »

Le sens de cette pacience fait moult à noter aux vindicatifs, qui, sanz viser aux inconveniens qui en peuent venir, de tous mesfais se vueulent vengier, laquel [8] chose est encontre l'ordre des sages ; et visa ce tres prudent prince, nonobstant luy fut legiere la vengence, s'il luy pleust que par celluy occirre, la ville, qui, par malvaise exortacion, estoit commeue, cité rebelle se fust bien peue esmouvoir, dont grant meschief fust venus ; ou, par aventure, la haultece de son noble courage ne deigna tenir conte de chose que un tel garçon deist. Et à celle mesmes entrée qu'il fist lors à Paris, qui trop luy ot esté rebelle, tous [9] ainssi comme jadis Othovien [10] à Hérode pardonna vers luy venu à grant humilité, despoullé de ses aornemens royaulx, luy criant mercis de ce qu'il ot esté en l'ayde de Anthoyne et de Cheopatra, sa femme, et le receut en grace, luy remectant la couronne sur le chief ; sembla-

[1] Gr. § 39.
[2] Gr. § 83.
[3] Gr. § 9.
[4] Gr. § 97.
[5] Gr. § 96.
[6] Gr. § 27.
[7] Gr. § 26.
[8] Gr. § 16.
[9] Gr. § 110.
[10] Octave.

blement, nostre bon Roy fist à de ses princes subgiez et à maint
de ses citoyens et autres esté[1] ses adversaires retournez à mercis.

Ci dit du Vitupere aux orgueilleux.

Par diverses manières prent Dieu vengence des orgueilleus qui
ne ressongnent ses jugemens.

Et que les maulvaiz soient hays et abominez devant Dieu et au
monde, est escript de Denis le Tirant regnant en Cecile, tant oultre cuidiez et plain de perversité que ses subgiez mieulx voulsis-
sent sa mort que vie[2]. Une bonne femme vielle prioit tousjours à
haulte voix que les Dieus lui donnassent longue vie ; et comme il
l'oyst dire, la manda et volt sçavoir, qui la mouvoit : « Certes,
dist elle, j'estoye pucelle chieux mon pere ; si avoit un roy en
ceste terre moult mal et qui trop grevoit le peuple, je prioye aux
Dieux que sa vie fust briefve ; il mouru ; apres celluy, nous omes
pire : apres la mort duquel, tu es le pire de tous tes devanciers ;
or, ay si grant paour, que apres toy nous ayons pire, que pour ce
prye aux Dieux qu'ilz te donnent longue vie. » Si fu ce tirant
tout confus des parolles de la vielle bonne femme. Celluy Denis
ne faisoit mie grant reverance aux Dieus que alors aouroyent.

Il avint une foiz qu'il vit un moult riche mantel d'or, qu'on
avoit mis à l'image de Jupiter, si le prist et en mist un de drap en
lieu ; il volt appaisier en telle maniere les prestres qui s'en cour-
rouçoyent : « le mantel d'or, dist-il, estoit trop froit pour yver, et
trop pesant pour esté : pour ce, luy en ay donné un plus conve-
nable en toutes saisons. »

Une autre foiz, il vid l'image d'Esculapius, qui avoit une grande
barbe d'or jusques aux piez, et Appolo, son pere n'en avoit point :
si prist la barbe d'or, et dist aus prestres qui l'en reprenoyent,
« qu'il n'estoit mie avenant, que le filz eust si grant barbe, puisque le pere n'en avoit point. » Et ainssy se moquoit des Dieux,

[1] Gr. § 24.
[2] Gr. § 63.

non mie par oppinion que ceste loy fust faulse, mais par le grant orgueil de luy, qui le faisoit si oultrecuidier que il presumoit sa poissance plus grande que nulle deité. En la fin cestui fina [1] villainement par lait trebuchement.

Et, en retournant à ma matiere que trop ay delaissié, à tant souffise des arrogans orguilleus.

Cy dit du duc d'Orliens.

L'autre filz du sage roy Charles fu Loys, duc d'Orliens à present vivant, florissant par grace de Dieu en bien. Cestui Loys, acroiscent la joie du pere, nasqui trois ans apres le susdit Charles dont nous avons parlé (d'une fille entre deus ne fais moult grant mencion, ne de trois autres, moult belles dames, pour ce que assez jeunes trespasserent). Grant [2] joye et solempnité fu faicte de sa naiscence : le Roy, resjoy d'avoir deus beauls enfens masles, fist celebrer en chants et sons melodieus, par toutes esglises, louanges à nostre seigneur, grant feste fu entre les barons, et le peuple faisant grant feu par toutes les rues de Paris en signe de solemnisée [3] joye.

Le sage roy, son pere, luy fist amenistrer nourreture propice en toutes choses; l'administracion et garde commist à une bonne et sage dame, appellée madame de Roussel, qui, par grant soing le nourry, et la bonne dame, tres qu'il sceust aprendre à parler, les premieres parolles que elle luy apprist fu son *Ave Maria*, et par elle fu si duit, que c'estoit doulcete chose luy oir dire, enfenciablement à genoulz, ses petites mains joinctes devant l'image Nostre-Dame ; et de bonne heure aprist à Dieu servir : car il a tres bien continué en devocions, oroisons, à l'esglise estre longuement, et à oyr et dire grant service; bonnes gens et devotz aime [4] et voulen-

[1] Gr. § 29.
[2] Gr. § 11.
[3] Gr. § 95.
[4] Gr. § 112.

tiers ot leur enseignemens, comme il appert par la frequen-
tacion qu'il fait chascun jour par long espace en l'esglise des Ce-
lestins, où a couvent de sains preudeshomes servant Dieu, et là ot[1]
le service; de laquelle frequantacion est impossible que son ame
et ses mœurs n'en vaillent mieulx, et que Dieu en ses fais ne luy
soit plus propice; donne voulentiers aux povres et largement, et
chascun jour de sa main; est moult devot, par especial, ou temps
de la passion de nostre Seigneur; le service ot voulentiers en la
dicte devote place, soubstrait de toutes gens, fors des preudes
hommes de leans; visite oudit temps, l'Ostel-Dieu et les povres
malades, leur donne l'aumosne de sa main, et visite les sainctes
places.

Ce prince est de tres noble courage et grant voulenté sur la confusion de nos ennemis, comme il y a paru et pert[2], parce que
hardiement et de grant desir s'est mis entout debvoir, par ses
lettres et messages envoyées en Angleterre[3], comment la mort du
bon roy Richart, à qui sa niepce par mariage estoit donnée, fust
vengiée, et luy mesmes offert[4] son propre corps en preuve contre
Henry de Lancastre, à present roy, et par maintes autres offres
valeureuses d'armes, comme il appert[2] par les lettres de ce es-
criptes, lesquelles dites armes offertes en plusieurs manieres n'a
osé ledit Henry accepter, n'accomplir.

Cestui prince aime les gentilzhommes et les preux qui par vail-
lantise voyagent et s'efforcent d'accroistre l'onneur et le nom de
France en maintes terres, les ayde du sien, les honneure et sous-
tient. Cestui est aujourduy le retrait et refuge de chevalerie de
France, dont tient noble court et moult belle de gentilzhommes
jeunes, beauls, jolis et bien assesmez, tout apprestez d'euls embe-
soingnier pour bien faire. A luy viennent de toutes pars pour sa
belle jeunece et esperance de son bienfait, et il les reçoipt amiablement, et entr'eulx est en maintien de prince tout tel qu'il ap-
partient.

[1] Gr. § 24.

[2] Gr. § 31.

[3] Il s'agit ici du défi que le duc d'Orléans envoya, en 1402, au roi d'Angleterre, Henri IV, qui avait détrôné et fait massacrer le roi Richard IV, mari d'Isa-
belle, fille du roi de France, Charles VI, et nièce du duc d'Orléans.

[4] Le verbe auxiliaire sous-entendu.

En ses jeunes faiz, est entoutes choses tres avenant, bel[1] est de corps, et a tres doulce et bonne phinozomie, gracieux en ses esbatements, ses riches et genz abillemens bien luy sieent; bel se contient à cheval; abillemens à feste se scet avoir, et tres bien dance; jeue par courtoise maniere; rit et soulace entre dames et avenamment.

Ses condicions sont telles : il aime les bons, comme dit est; il a sens naturel tel que nul de son aage ne le passe, maintieng hault et benigne, parolle rassise et agmoderée; n'a en luy felonnie, ne cruaulté, doulce response et amiable rent à toute personne qui à luy a à besoingnier; et, entre les autres graces qu'il a, certes, de belle parleure aornée naturelement de rethorique, nul ne le passe; car, comme il aviegne souventefoiz, devant luy faictes maintes colacions de grant congregacions de sages docteurs en sciences et clercs solennelz, aussi au conseil et alieurs, où maint cas sont proposez et mis en termes de diverses choses, merveilles est de sa memoire et belle loquelle; car n'y aura si estrange proposicion que, au respondre, il ne repete de point en point, par ordre, à chascun, si bien et si vivement responde ou replique, s'il affiert, qu'il semble que de longue main ait estudié la matiere; et par si bel maintien et signorie contenance parle, attrait non de haulte ne de fiere parolle, mais rassisement et tout en paix, que ce est grant beaulté : et ce ay-je veu de mes yeulx, comme j'eusse affaire aucune requeste d'ayde de sa parolle, à laquelle, de sa grace, ne faillis mie; plus d'une heure fus en sa presence, où je prenoye grant plaisir de veoir sa contenance, et si agmoderement expedier besongnes, chascune par ordre; et moy mesmes, quant vint à point, par luy fus appellée, et fait[2] ce que requeroye.

Avec les autres bonnes condicions n'est mie moult vindicatif de desplaisirs receus, tout le peust-il bien faire; et certes, c'est moult noble condicion a prince. Pitié a de ceuls qu'il voit confus, si, comme une fois, entre les aultres demonstrances de sa benignité, avint, comme il regardast[3] luictier de ses gens enmy sa court, un jeune homme, eschauffé d'ire trop follement, donna une

---

[1] Gr. § 10.
[2] Gr. § 57.
[3] Gr. § 77.

buffe à un autre ; cellui fu moult felonnessement pris et menaciez, pour l'injure faicte devant le prince, que le poing aroit coppé ; le bon Duc, comme il veist le cas d'omme moult confus, dist à ses gens tout bas : « Dictes, dictes, qu'on luy face paour, et que on le laisse aler. »

N'a cure d'oyr dire deshonneur de femmes, ne de nulluy mesdire, et ne croit mie de legier mal qu'on luy rapporte d'autruy, à l'exemple du sage, et dit telles notables parolles : « Quant on me dit mal d'aucun, je considere se celluy qui le dit a aucune particuliere hayne à celluy dont il parle ; aussi se envie luy fait dire, ou se il tient à le despointer d'aucun degré pour y estre luy mesmes. » Et ceste sage et bonne condicion à prince, de non croire de legier, me ramentoit ce qui est escript à ce propoz du vaillant empereur Julius Cesar, que, entre les autres vertus de luy, il ne creoit mie de legier maulvais rapports. Une foiz luy fu dit, que un de ses chevaliers avoit dit mal de luy ; l'Empereur respondy que il ne le croyoit mie ; et comme l'autre jurast et affermast[1] que voir estoit, Cesar respondy que ce n'estoit mie chose creable, que il ne fust amez de celluy à qui il avoit bien fait. Aristode dit, que quant prince croit de legier, il ouvre la porte aux mençongeurs de luy raporter nouvelles.

Assez pourroye dire de cestui prince sage en jeune aage, de laquel chose on peut jugier par ce que on voit de luy ; se il vit jusques au temps de viellece, ce sera prince de moult grant excellence, par qui mains grans biens seront faiz : moult s'est efforciez de mectre paix en l'Eglise, luy mesmes pour celle cause, est alez devers le Pape ; en toutes guises se vouldroit travaillier que tout bien fust fait et le mal laissié.

Noble dame a espousée et de grant prudence, fille[2] au[3] duc de Millan, dont il a trois beaulx et gracieux filz, que Dieu, par sa misericorde, vueille accroistre en toute vertu !

---

[1] Lex.

[2] La célèbre Valentine, fille de Galéas I, duc de Milan.

[3] Gr. § 48.

FROISSART.

1337 — 1410.

*Comment uné soudaine peur prit les Flamands environ minuit, tant
que tous s'enfuirent chacun vers sa maison en grand'hate. —
1340.*

(Robert d'Artois, auquel s'étaient joints les Flamands, assiégeait St-Omer, dé-
fendu par le duc de Bourgogne, le comte d'Armagnac et d'autres chevaliers sous
les ordres du duc.)

Or aduint enuiron minuyt, que ces Flammens gisoient en leurs
tentes et dormoient, ung si grand effroy vint et telle paour les
print tous generallement quilz se leuerent tous a grant haste et
en telle paine quilz ne cuidoient iamais estre deslogcz a temps.
Si abatirent tantost tentes et pauillons et trousserent tout sur leurs
chariotz et sen fuyoient sans attendre lung lautre et sans tenir
voye ne conroy. Quant ces nouuelles vindrent a ces deux cappi-
taines ilz se leuerent moult hastiuement et firent allumer grans
feux et grans tortis et monterent a cheual et vindrent au deuant
des flammens et leur dirent : Beaulx seigneurs dictes nous quelle
chose il vous fault qui ainsi fuyez, nestes vous pas bien asseurez,
retournez au nom de Dieu, vous auez grant tort quant ainsi fuyez
et nul ne vous chasse. Mais combien quilz fussent ainsi priez ilz
sen fuyrent tousiours et print chascun le chemin vers sa maison
au plus droit qu'il peut. Et quant ces deux seigneurs virent quils
nen auroient riens autre chose si firent trousser leurs harnoys et
mettre en voictures et vindrent au siege deuant tournay, et re-
corderent aux seigneurs l'aduanture des Flammens dont on fut
moult fort esmerueille et dirent plusieurs quilz auoient este en-
fantosmez.

Comment le sénéchal de Beaucaire se partit du siége d'Angouléme et prit toute la garnison de Anchenis et bien huit cents grosses bêtes. — 1346.

Le duc de normandie qui fut grant temps deuant la cité dangolesme veit que par assault il ne la pouoit auoir ne gagner, car elle estoit si bien deffendue qu'il y perdoit chascun iour de ses gens. Si commanda que nul nallast plus a lassault et que chascun se deslogeast et allassent loger plus pres de la cite. Ce siege durant vint ung iour au duc le seneschal de beaucaire qui luy dist. Sire ie scay bien toutes les marches de ce pays sil vous plaisoit a moy prester six cens hommes armez, ie yroye aduanturer aual ce pays pour querre bestes et vitailles, car assez tost aurons deffaulte de viures. Tout ce pleut bien au duc et a son conseil. Si print le lendemain ledit seneschal plusieurs cheualiers et escuyers qui se desiroient a auancer et se bouterent dessoubz luy le duc de bourbon, le conte de ponthieu son frère, le conte de tancaruille, le conte de forestz, le daulphin d'auuergne, le sire de pons et de partenay, le sire de coucy, le sire daubigny, le sire daussemont, le sire de beauieu, monseigneur guischard dangle, monseigneur de saintre, et plusieurs autres iusques a neuf cens lances. Lors monterent a cheual une vespree et cheuaulcherent toute la nuyt iusques au point du iour que l'aube creuoit. Si vindrent deuant une grosse ville qui nouuellement se estoit rendue aux anglois. Si l'appeloit on athenis[1]. La endroit[2] vint une espie qui dit audit seneschal que dedans auoit bien enuiron six vingtz hommes armez tant gascons comme angloys et ccc archiers qui moult bien se deffendroient si on les assailloit. Mais iay veu dist lespie audit seneschal yssir la proye hors de la ville. Et y a bien enuiron cc grosses bestes, et sont au dessoubz de la ville es prez. Lors dist le seneschal aux seigneurs qui la estoient. Messeigneurs ie conseille que nous demourons en celle valee et ie men iray a tout LV compaignons a cueillir la proye. Si lameneray cy endroit[2], et ie pense que les angloys sen ystront hors pour rescourre la proye si leur

[1] St-Jean-d'Angely.
[2] Lex.

prez au deuant. Et ainsi fut fait. Le seneschal a tout LV compaignons tresbien montez cheuaucha par voyes couuertes autour de la ville ainsi que lespie le menoit tant qu'il vint es beaulx prez ou les bestes pasturoient. Tantost fist espartir ses compaignons et mettre ces bestes ensemble puis les chasserent deuant eulx au dessoubz de la ville par une autre voye quilz n'estoient venus. Les gardes de la porte et du chastel qui ce veoient commencerent a faire grant noyse et a corner et esmouuoir ceulx de la ville et les compaignons qui par aduenture encores dormoient, car il estoit fort matin, lors saillirent sus hastiuement, si sellerent tous leurs cheuaulx et se assemblerent en la place. Puis vindrent chascun qui mieulx mieulx. Si ne demourerent en la ville fors que les villains. Les angloys qui estoient yssus aux champs pour rescourre leur proye se hastoient moult fort en escryant aux francoys vous nen yrez pas ainsi. Le seneschal et sa route commencerent a eulx haster et sen vindrent ferir sur ces angloys qui les chassoient, lesquelz neurent pas loysir deulx retourner, ains estoient si espars que en briefue heure furent ruez ius. La fut pris le cappitaine messire estienne de lesy angloys et tous ceulx d'honneur qui entour luy estoient et le demourant tout mort. Puis cheuaucherent les francoys hastiuement deuers la ville et entrerent dedans dassault, car elle estoit sans garde. Et la premiere banniere qui y entra se fut celle du duc de bourbon, si se saisirent lesdit seigneurs de la ville et la refreschirent de nouuel de gens et de cappitaine, puis ilz sen partirent a toute leur proye et leurs prisonniers et sen reuindrent lendemain deuant angolesme. Si acquist le seneschal de beaucaire grant honneur en ceste cheuaulchee combien quil y eust de plus grans seigneurs assez quil ne fust.

Comment le duc de Normandie commanda faire un pont sur la riuiere deuant Aiguillon, qui plusieurs fois fut depecé par ceux du chastel. — 1346.

Premierement les seigneurs de france regarderent quilz ne pouoient paruenir iusques à la forteresse silz ne passoient la riuiere qui estoit large, longue et parfonde. Si commanda le duc que ung

pont fust fait quoy quil coustast pour passer la riuiere. Si y vindrent
pour ce pont ouurer plus de CCC ouuriers qui charpentoient iour
et nuyt. Quant les cheualiers qui dedans aguillon estoient veirent
que ce pont estoit fait oultre la moitié de la riuiere, ilz firent appareiller trois naues et entrerent dedans. Puis chasserent tous
ces charpentiers en chemin et les gardes aussi. Si deffirent sans
delay tout ce quilz auoient fait en ung grant temps. Quant les
seigneurs de france virent ce, ilz firent appareiller autres naues a
lencontre deulx, et mirent grant foison de gens darmes dedans,
comme yenneuois, bidaulx et arbalestriers. Et commanderent aux
ouuriers a ouurer sur la fiance de leurs gardes. Quant les ouuriers
eurent ouure ung iour iusques a midy, monseigneur gaultier de
manny et aucuns de ses compaignons entrerent en une nef et cou-
rurent sus aux ouuriers, et leur firent laisser leur œuure et retourner arriere. Et fut lors tout deffait quant quilz auoient fait. Ce
debat et celle riote recommencoient de iour en iour. Et au der-
renier les seigneurs de france y furent si estoffeement et garderent
si bien les ouuriers que le pont fut fait et acomply bon et fort.

---

*Comment le duc de Normandie fit assaillir Aiguillon, et comment le
pont d'Aiguillon fut conquis où il y eut moult de morts et de bles-
sés. — 1346.*

Ung jour fist on armer tous ceulx de lost et commanderent les
seigneurs que ceulx de thoulouze, ceulx de carcassonne, ceulx
de beaucaire et leurs seneschaucies assaillissent du matin iusques
a midy, et ceulx de rouergue, de caours[1], dagenois a leur retraire
iusques a uespres. Et celluy qui pourroit gaigner le pont de la
porte du chastel on luy donneroit cent escuz d'or. Le duc de Normandie pour mieulx fournir a celluy assault fist venir sur la
riuiere grant plante de nefz et de challans. Les plusieurs entrerent dedans pour raison de passer celle riviere, et les aucuns passerent au pont. Ceux du chastel se deffendirent. Finable-

---

[1] Cahors.

ment les aucuns se mirent dedans une petite naue en leaue par dessoubz le pont, et getterent grans crocz et hauetz audit pont levis, puis tirerent a eulx si fort quilz rompirent les chaines de fer qui le pont tenoient et lauallerent ius par force. Lors se lancerent francoys sur le pont si hastiuement quilz tresbuscherent lung sur lautre tout en ung mont car chascun deulx desiroit moult a gaigner les cent escuz. Et ceulx damont gettoyent pierres, potz plains de chaulx, grans mesrains et eaue chaulde. Si en y eut plusieurs bleuz, mors et trebuchez en leaue des fossez. Touttefois fut le pont conquis par force, mais il cousta plus qu'il ne valoit.

Comment ceux de Caen s'enfuirent sans coup ferir ; et comment le connestable et le comte de Tancarville y furent pris, et bien vingt-cinq chevaliers ; et fut la ville de Caen conquise.

En ce iour se leuerent les angloys moult matin et sappareillerent pour aller deuant caen. Puis ouyt le roy messe deuant soleil leuant. Et apres monta a cheual, et le prince son filz, et messire godeffroy de harcourt qui estoit mareschal et gouuerneur de lost et par quel conseil le roy ouuroit en partie. Si se trayrent tout bellement icelle part leurs batailles rengees. Et cheuauchoyent les batailles des mareschaulx tout deuant. Si approcherent la grosse ville de caen. Ceulx de la ville qui sestoient mis aux champs contre les angloys, quant ilz veirent les trois batailles des angloys approcher et bannieres et pennons a grant plante et virent ces archiers que ilz nauoient accoustumes a veoir, ilz furent si effrayes qu'ilz senfuyrent vers leur ville sans arroy malgre le connestable et tous les gens darmes qui la estoient. Adonc les angloys les poursuiuirent aigrement. Et quant ce veirent le connestable et le conte de tancaruille ilz se bouterent en une porte sur lentree du pont a sauluete auec eulx aucuns cheualiers, car les anglois estoient ici entrez dans la ville. Aucuns cheualiers et escuyers et autres gens francois qui scauoient le chemin vers le chastel, si se trayrent celle part. Et le chastelain monseigneur robert de margny les recepuoit tous, car le chastel est durement grant et plantureux. Si furent tous a sauluete ceulx qui la peurent venir. Les anglois qui combattoient les fuyans en firent moult grant occision, car ilz nen prenoient nulz a mercy, dont il aduint que le connestable de france et le conte de tancaruille qui estoient montes en celle porte au pied du pont, regardoient amont et au long de la rue et veoient grant occision, car ilz n'en prenoient nulz a mercy. Si se doubterent quilz nen cheussent en ce party et entre mains des archiers qui point ne les cogneussent, mais ilz aperceurent ung chevalier qui n'auoit que ung œil appelle messire thomas de Hollande et cinq ou six cheualiers auec luy, lequel ilz auoient autreffois veu en pruce en grenade et entre autres voyages. Lors lappelerent qu'il les voullist prendre a prisonniers. Et adonc messire thomas se trayt celle part a toute sa route [1] et descendit et monta luy, XVIIe, en la porte et trouverent les dessusditz seigneurs et bien XXV chevaliers avec eulx lesquelz se rendirent tantost a messire thomas qui les print prisonniers. Puis laissa des gens assez pour les garder. Si monta et vint sur les rues, et destourna ce iour mainte grant cruaulte faire et aussi firent plusieurs cheualiers et escuyers. Et cheut si bien adonc aux anglois que la riviere de caen qui porte gros nauires estoit si basse et si morte quilz la passoient et rappassoient sans le danger du pont. Ceulz de la ville qui estoient montes en loges et en soliers et en ces estroites rues gectoient pierres, bancz et mortiers, si en occirent et mehaignerent ce iour plus de cinq cens anglois dont le roy dangleterre fut si courrouce au soir quant il en ouyt la verite quil ordonna que le demourant on mist tout a lespee et la dicte ville en feu. Mais godeffroy de harcourt lui dist: Chier sire vueillez affermer ung peu vostre courage et vous suffise de ce que vous en auez fait, vous auez encores a faire un grant voyage aincois que vous soyez deuant calais ou vous tirez [2] a venir et si a encore en ceste ville moult grant foison de peuple qui se deffendroit en leurs maisons si on leur couroit sus et vous pourroit on grammment couster de vos gens aincois que la ville fust euillee parquoy vostre voyage sen pourroit desrompre. Laquelle chose vous redonderoit a moult

[1] Lex.
[2] Lex.

grant honte et blasme, si espargnez vos gens qui nous viendront
tres bien appoint dedans ung moys. Car il ne peult estre autrement
que vostre aduersaire le roi philippe ne vous viengne combatre
et trouuerez encores des destroiz, des passaiges, des assaultx et
des rencontres plusieurs parquoy les gens que vous auez et plus
encores vous auront bon mestier. Et sans nul occire nous serons
bien maistres de ceste ville, et nous mettront voulentiers hommes
et femmes tout le leur a nostre bandon.

Lors dist le roy dangleterre: Messire godefroy vous estes nostre mareschal, si en ordonnez ainsi comme il vous plaira, car
dessus vous quant pour ceste fois ne vueil ie point mettre regard. Adonc messire godefroy fist cheuaucher sa banniere de rue
en rue et commanda de par le roy que nul ne fust si hardy sur la
hart que nul ne boutast le feu ne occist homme ne femme. Quant
ceulx de caen ouyrent ce ban ilz recueillirent aucuns des anglois
en leurs hostelz sans riens forfaire et aucuns ouuroyent leurs
corps et habandonnoient tout ce quilz auoient, mais quilz fussent
asseurs de leurs vies. Ce nonobstant il y eut dedans la ville de
villains faitz de meurtres et de roberies. Et ainsi furent les anglois seigneurs de la ville par trois iours et gaignerent moult grant
auoir quilz enuoyerent par barques et par basteaulx en sainct
saulueur par la riuiere de austerhen a deux lieues de là ou leur
grosse naue estoit. Et adonc sappareilla le conte de hostidonne à
tout cc hommes d'armes et cccc archiers pour ramener leur
naue a tout leur conqueste et leurs prisonniers arriere en angleterre. Et achepta le roy dangleterre le connestable de France et
le conte de taucaruille de monseigneur thomas de hollande et de
ses compaignons et en paya vingt mille nobles [1] tous appareillez.

---

[1] Le *noble* assez communément appelé *noble à la rose*, était une monnaie d'or
qu'on frappa pour la première fois en Angleterre, sous le règne d'Edouard III,
vers l'année 1344. L'or en était très-fin et leur taille était d'environ 25 au marc.

B.

*Comment le roi de Behaigne qui goutte ne veoit, se fit mener en
la bataille et y fut mort lui et les siens, et comment son fils le roi
d'Allemagne s'enfuit.*

Le vaillant roy de behaigne [1] qui s'appeloit Charles de luxambourg, car il fut au gentil roy et empereur henry de luxambourg,
quant il qui estoit aveugle entendit l'ordonnance de la bataille, il
dist ou est monseigneur Charles mon filz. Ses gens dirent nous ne
scauons nous cuydons quil se combate. Lors dist a ses gens, seigneurs vous estes mes gens et mes compaignons et amys, a la
iournee duy ie vous requiers que vous me menez si auant que ie
puisse ferir ung coup despee. Les cheualiers respondirent quilz le
lairroient envie. Et adoncques affin quilz ne le perdissent en la
presse, il le lierent par les frains de leurs cheuaulx tous ensemble
et mirent le Roy tout deuant pour mieulx accomplir son desir. Et
ainsi sen allerent sur les ennemys. Monseigneur charles de behaigne qui sescrioit, iay roi de behaigne et en portoit les armes,
vint ordonnement iusques a la bataille, mais quant il vit que la
chose alloit mal pour les francois, il sen partit, ie ne scay pas
bonnement quel chemin il print. Le roy son pere alla si avant
sur ses ennemis quil ferit ung coup de son espee, voire plus de
quatre, et si combatit moult vigoureusement, et aussi firent ceulx
de sa compaignie. Et si auant si bouterent que tous y demourerent
et furent le lendemain trouuez sur la place autour du roy, et tous
leurs cheuaulx liez ensemble.

Les Brigands en France (1348).

Toute celle annee que la treue fut accordee se tindrent les deux
roys [2] en paix lung contre lautre. Mais messire guillaume de dan-
glas et les escocois qui se tenoient en la forest de iadeours guer-
roioient tousiours les anglois partout ou ilz les pouuoient trouuer.

---

[1] De Bohême.
[2] Edouard III, roi d'Angleterre, et Philippe de Valois (VI), roi de France.

Aussi ceulx qui estoient en gascongne, en poictou et en xaintonge
tant francois que anglois ne tindrent oncques fermement les treues
des deux roys, ains conqueroient souuent villes et chasteaulx les
ungz sur les autres par force ou par pourchas par embler ou par
exiller de nuyt ou de iour. Et leur aduenoit souuent de moult
belles aduentures une fois aux francois, lautrefois aux anglois. Et
tousiours gaignoient poures brigans a desrober les villes et les
chasteaulx et deuenoient les aucuns riches qui se faisoient cap-
pitaines des aultres brigans tant quil y en auoit bien de telz qui
auoient la value de xl mil escuz. Ils espioient telle fois et bien
souuent une bonne ville ou ung chastel une iournee ou deux
loingz. Puis sassembloient xx ou xxx brigans et alloient par voyes
couuertes tant de iour que de nuyt et entroient en la ville ou chastel quilz auoient espie droit sur le point du iour et boutoient le
feu en une maison. Et quant ceulx de la ville veoient ce si cuidoient que ce fussent gens d'armes a puissance qui voullissent
ardre leur ville si sen fuyoient a qui mieulx mieulx. Et ces brigans brisoient maisons, coffres, et estuyers, et prenoient tout ce
quilz trouuoient et sen fuyoient. Ainsi firent a donseurs [1] et en
plusieurs autres villes et chasteaulx quilz prenoient et puis les
reuendoient. Entre les autres eut un brigant en languedoc qui
espia le fort chastel de coubourne en limosin qui siet en tres fort
pays. Si cheuaucha de nuyt auec trente de ses compaignons et
vindrent au chastel et le prindrent et lexillerent. Et si prindrent
le seigneur appelle le coubourne et l'emprisonnerent en son chastel mesmes, et occirent toute la mesgnie de leans. Si le tindrent
si longuément quil se ranconna a xxiv mil escuz tout appareillez.
Et encores cedit brigant le chastel et bien le garnit et en guerroya
le pays. Et depuis par ses proesses le roy de france le voulut auoir
empres luy et achepta son chastel xx m. escuz. Et fut huissier
darmes du roy de france et a grant honneur delez luy. Et appeloit
on ce brigant bacon, et estoit tousiours bien monte sur beaulx
courciers et doubles roucins et de gros pallefrois. Aussi estoit-il
arme comme un conte et arme tresrichement. Et en celluy estat
il demoura tant quil vesquit.

[1] Dousenac, petite ville ou bourg, dans le Limousin, à trois lieues à l'ouest
de Tulle.

Cy parle dung paige appele le croquart. — 1348.

En autelle maniere se maintint on en bretaigne. Car il y auoit brigans qui guerroyoient villes, forteresses et bons chasteaulx, et les roboient et tenoient. Puis les reuendoient a ceulx du pays bien et chier. Si en deuenoient les aucuns qui se faisoient maistres dessus les autres moult riches. Et y en y eut ung entre les autres qui estoit appelle croquart qui auoit este en son temps un poure garson et long temps paige au seigneur dercle en hollande. Quant ce croquart commenca a deuenir grant il eut congie, si sen alla es guerres de bretaigne et se mist au seruice dung homme darmes et se porta moult bien. Si aduint quen une rencontre son maistre fut prins et occis. Lors par sa proesse les compaignons lesleurent pour leur cappitaine en lieu de son maistre. Et lors il prouffita tant par rancons et prinses de villes et de chasteaulx que on disoit quil auoit bien la finance de XL mil escuz sans ses cheuaulx dont il auoit bien XX ou XXX coursiers bons et doubles roussins. Et auoit le renom destre le plus appert homme darmes qui fust au pays. Et fut esleu pour estre a la bataille des trente[1] et fut le meilleur combatant du coste des anglois, et luy fut promis du roy de france que sil vouloit deuenir francois le roy le feroit deuenir cheualier et le marieroit bien richement et luy donneroit deux mil liures de reuenue par an, mais croquart ne si voulut consentir. Si aduint une fois quil cheuauchoit ung ieune coursier fort en bride quil auoit achepte CCC escuz, et lesprouua si fort au courir que le cheual lemporta oultre sa voulente. Si que au saillir dung fosse le coursier trebuscha et se rompit son maistre le col. Et ainsi fina croquart.

Comment messire Robert de Beaumanoir alla defier le capitaine de Ploermel, qui avait nom Brandebourch, et comment il y eut une rude bataille de trente contre trente[2].

En celle propre saison avint en Bretagne un moult haut fait

---

[1] Racontée ci-après.

[2] Ce fragment est extrait des additions à Froissart, tirées par M. Buchon de

d'armes que on ne doit mie oublier ; mais le doit-on mettre en avant pour tous bacheliers encourager et exemplier. Et afin que vous le puissiez mieux entendre, vous devez savoir que toudis étoient guerres en Bretagne entre les parties des deux dames, comment que messire Charles de Blois fut emprisonné ; et se guer-royoient[1] les parties des deux dames par garnisons qui se tenoient ens ès châteaux et ens ès fortes villes de l'une partie et de l'autre. Si avint un jour que messire Robert de Beaumanoir, vaillant che-valier durement et du plus grand lignage de Bretagne, et étoit châtelain d'un châtel qui s'appelle châtel Josselin, et avoit avec lui grand foison de gens d'armes de son lignage et d'autres sou-doyers, si s'en vint par devant la ville et le châtel de Plaremiel[2], dont capitaine étoit un homme qui s'appeloit Brandebourch[3], et avoit avec lui grand'foison de soudoyers allemands, anglois et bretons, et étoient de la partie la comtesse de Montfort. Et cou-rurent ledit messire Robert et ses gens par devant les barrières, et eut volontiers vu que cils de dedans fussent issus hors ; mais nul n'en issit.

Quand messire Robert vit ce, il approcha encore de plus près, et fit appeler le capitaine. Cil vint avant à la porte parler audit messire Robert, et sur asségurance d'une part et d'autre. « Bran-debourch, dit messire Robert, a-t-il là dedans nul homme d'armes, vous ni autre, deux ou trois, qui voulussent jouter de fer de glaives contre autres trois, pour l'amour de leurs amies ? »

Brandebourch répondit et dit : « Qe leurs amis ne voudroient mie que ils se fissent tuer si méchamment que d'une seule joute ; car c'est une aventure de fortune trop tôt passée, si en acquiert-on plutôt le nom d'outrage et de folie que renommée d'honneur ni de prix ; mais je vous dirai que nous ferons, s'il vous plaît. Vous prendrez vingt ou trente de vos compagnons de votre gar-nison, et j'en prendrai autant de la nôtre. Si allons en un bel

la copie d'un manuscrit qui avait appartenu au prince de Soubise. Comme il ne se trouve pas dans les anciennes éditions de Froissart, nous en donnons le texte d'après M. Buchon. C'est pour cela que l'orthographe et le style ont une allure beaucoup plus moderne que dans les morceaux précédents.

[1] Gr. § 67.

[2] Ploërmel.

[3] Les historiens de Bretagne l'appellent tous Brambro.

champ, là où nul ne nous puisse empêcher ou destourber, et commandons, sur la hart, à nos compagnons d'une part et d'autre, et à tous ceux qui nous regarderont, que nul ne fasse à homme combattant confort ni aye ; et là endroit nous éprouvons, et faisons tant que on en parle au temps avenir, en salles, en palais, en places et en autres lieux de par le monde, et en aient la fortune et l'honneur cils à qui Dieu l'aura destiné. » — « Par ma foi, dit messire Robert de Beaumanoir, je m'y accorde ; et moult parlez ore vassamment. Or, soyez-vous trente, et nous serons nous trente aussi, et le créante ainsi par ma foi. » — « Aussi le créantéje, dit Brandebourch ; car là acquerra plus d'honneur, qui bien s'y maintiendra, que à une joute. »

Ainsi fut cette besogne affermée et créantée ; et journée accordée au merkredi après, qui devoit être le quart de jour de l'emprise. Le terme pendant, chacun élisit les siens trente, ainsi que bon lui sembla, et tous cils soixante se pourvurent d'armures, ainsi que pour eux, bien et à point[1].

Quand le jour fut venu, les trente compagnons Brandebourch ouïrent messe ; puis se firent armer, et s'en allèrent à la place de terre là où la bataille devoit être, et descendirent tous à pied, et défendirent à tous ceux qui là étoient que nul ne s'entremît d'eux, pour chose ni pour meschef que il vit avoir à ses compagnons, et ainsi firent les compagnons a monseigneur Robert de Beaumanoir. Cils trente compagnons que nous appellerons Anglois, à cette besogne attendirent longuement les autres que nous appellerons François. Quand les trente François furent venus, ils descendirent à pied et firent à leurs compagnons le commandement dessus dit. Aucuns dirent que cinq des leurs demeurèrent à cheval à l'entrée de la place et les vingt-cinq descendirent à pied, si comme les Anglois étoient. Et quand ils furent l'un devant l'autre, ils parlementèrent un peu ensemble tous soixante, puis se retrairent arrière, les uns d'une part et les autres d'autre, et firent tous leurs gens traire en sus de la place bien loin. Puis fit l'un d'eux un signe, et tantôt se coururent sus et se combattirent fortement tout en un tas, et rescouoient bellement l'un et l'autre quand ils véoient leurs compagnons à meschef.

[1] Qui leur fussent bien appropriées, dont ils pussent faire usage commodément.

Assez tôt après ce qu'ils furent assemblés, fut occis l'un des François, mais pour ce ne laissèrent mie les autres, le combattre, ains se maintinrent moult vassamment d'une part et d'autre, aussi bien que si tous fussent Rolands et Oliviers. Je ne sais à dire à la vérité : « Cils se tinrent le mieux et cils le firent le mieux ; » ni n'en ouïs oncques priser plus avant que l'autre ; mais tant se combattirent longuement, que tous perdirent force et haleine et pouvoir entièrement. Si les convint arrêter et reposer ; et se reposèrent par accord, les uns d'une part et les autres d'autre, et se donnèrent trèves jusques adoncques qu'ils se seroient reposés, et que le premier qui se relèveroit rappelleroit les autres. Adonc étoient morts quatre François et deux des Anglois. Ils se reposèrent longuement d'une part et d'autre, et tels y eut qui burent du vin que on leur apporta en bouteilles, et restreignirent leurs armures qui desroutes étoient, et fourbirent leurs plaies.

Quand ils furent ainsi rafraîchis, le premier qui se releva fit signe et rappela les autres. Si recommença la bataille si forte comme en devant, et dura moult longuement ; et avoient courtes épées de Bordeaux, roides et aigües, et épieux et dagues, ot les aucuns haches ; et s'en donnoient merveilleusement grands horions, et les aucuns se prenoient au bras à la lutte et se frappoient sans eux épargner. Vous pouvez bien croire qu'ils firent entre eux mainte belle appertise d'armes, gens pour gens, corps à corps, et mains à mains. On n'avoit point en devant, passé avoit cent ans, ouï recorder la chose pareille.

Ainsi se combattirent comme bons champions, et se tinrent cette seconde empainte moult vassamment, mais finablement les Anglois en eurent le pire. Car, ainsi que je ouïs recorder, l'un des François qui demeuré étoit à cheval les débrisoit et défouloit trop mésaisément, si que Brandebourch leur capitaine y fut tué, et huit de leurs compagnons, et les autres se rendirent prison quand ils virent que leur défendre ne leur pouvoit aider, car ils ne pouvoient ni devoient fuir. Et ledit messire Robert et ses compagnons qui étoient demeurés en vie, les prirent et les emmenèrent au châtel Josselin comme leurs prisonniers ; et les rançonnèrent depuis courtoisement, quand ils furent tous resanés, car il n'y en avoit nul qui ne fût fort blessé, et autant bien des François comme des Anglois. Et depuis je vis seoir à la table du roi Charles de France

un chevalier breton qui été y avoit, messire Yvain Charuel; mais
il avoit le viaire si détaillé et découpé qu'il montroit bien que la
besogne fut bien combattue; et aussi y fut messire Enguerrant
d'Eudin, un bon chevalier de Picardie, qui montroit bien qu'il y
avoit été, et un autre bon écuyer qui s'appeloit Hues de Raince-
vaus. Si fut en plusieurs autres lieux cette avenue contée et re-
cordée. Les aucuns la tenoient à povreté et les aucuns à outrage
et grand'outrecuidance.

TABLE DES MATIÈRES

LIBRAIRIE DE JOËL CHERBULIEZ

à PARIS et à GENÈVE.

ÉTUDES CRITIQUES SUR LE TRAITÉ DU SUBLIME et sur les écrits de Longin, avec le texte et une traduction nouvelle du dit traité, par L. Vaucher. 1 beau vol. in-8, papiér vélin : 25 fr.

HISTOIRE DE LA LITTÉRATURE ancienne et moderne par Fréd. Schlegel, trad. de l'allemand, par W. Duckett. 2 vol. in-8 : 12 fr.

HISTOIRE DE LA LITTÉRATURE DES PEUPLES SLAVES, par F.-G. Eichhoff. 1 vol. in-8 : 7 fr. 50.

VOLTAIRE et son temps, par F. Bungener, 2me édition. 2 v. in-12 : 7 fr.

CAUSERIES HISTORIQUES ET LITTÉRAIRES, formant un cours de littérature ancienne et du moyen âge, par E. Souvestre. 2 fort vol. in-12 : 4 fr. 50.